新学習指導要領対応

学習カード付き

すぐ使える！
体育教材30選

体育授業実践の会 編

小学校 高学年

すぐ使える！ 体育教材30選　小学校高学年
～新学習指導要領対応・学習カード付き～

◆年間指導計画　　　　　　　　　　　　　3
◆はじめに　　　　　　　　　　　　　　　4

■授業マネジメント8つのポイント

授業運営のコツ

①サッと集まる集合・挨拶 ………………………………………………… 6
②子どもに準備をまかせる　　　　　　　　　　　　　　　　7
③「できる」を保障する授業づくり　　　　　　　　　　　8
④関わりを深める器械運動の補助・相互観察　　　　　　9
⑤関わりを深める陸上運動の相互観察　　　　　　　　　10
⑥チームづくりのポイント　ボール運動　　　　　　　　11
⑦ICT活用のポイント　　　　　　　　　　　　　　　　　12
⑧学習カード活用のポイント　　　　　　　　　　　　　13

■教材指導のポイント

体づくり

・全員達成！　ダブルダッチ ………………………………………… 16
・心を一つに！　シンクロなわとび　　　　　　　　　　20
・仲間づくりチャレンジ！　　　　　　　　　　　　　　24
・いっしょに、楽しく、おしゃべり持久走　　　　　　　28
・柔らかな体にしよう！　柔軟性を高める　　　　　　　32
・たくみに動こう！　ボール・棒・リング操作　　　　　36
・ボール操作能力を高める！　スロー＆キック　　　　　40

器械

・ダルマ回りを入れた連続技に挑戦！　　　　　　　　　44
・かっこよく後ろにクルン！　空中逆上がり　　　　　　48
・ピタ！クルン！　倒立前転　　　　　　　　　　　　　52
・かっこよくきめよう！　ホップ側転　　　　　　　　　56
・ぴったり！バラバラ！　シンクロマットパフォーマンス　60
・全員跳べる！　開脚跳び！　　　　　　　　　　　　　64
・「トン・ギュ・フワッ」と跳ぼう！　かかえ込み跳び　68
・友だちと協力して成功させよう！　頭はね跳び　　　　72

陸上

・走って素早くバトンパス！　トラックリレー ………………… 76
・リズミカルにまたぎ越そう！　40mハードル走　　　　80
・ドンと踏み切り、遠くまで跳ぼう！　走り幅跳び　　　84
・最高記録をめざそう！　走り高跳び　　　　　　　　　88

水泳

・ゆったり進もう！　クロール ………………………………………… 92
・すいすい泳ごう！　平泳ぎ　　　　　　　　　　　　　96
・安全確保につながる！　時間泳・着衣泳　　　　　　100

ボール

・ゴールに走りこめ！　アルティメット ……………………… 104
・パスをつないで！全員シュート！　バスケットボール　108
・誰もがゴールをねらえる！ I 型サッカー　　　　　　112
・空いているゴールを狙え！　ハンドボール　　　　　116
・走って！パスして！　フラッグフットボール　　　　120
・つないで！打とう！　キャッチバレー　　　　　　　124
・走る？止まる？　残塁ティーボール　　　　　　　　128

表現

・激しい感じを表そう！ ………………………………………………… 132

◆年間指導計画

4月		5月	
仲間づくりチャレンジ	24	アルティメット	104
ダルマ回りを入れた連続技	44	ホップ側転	56
ボール操作	40	走り幅跳び	84

6月		7月	
バスケットボール	108	平泳ぎ	96
フラッグフット	120	時間泳・着衣泳	100
クロール	92		

9月		10月	
激しい感じ	132	空中逆上がり（後方支持回転）	48
ボール・棒・リング操作	36	走り高跳び	88
トラックリレー	76	ティーボール	128

11月		12月	
柔軟性を高める	32	持久走	28
倒立前転	52	開脚跳び	64
ハードル走	80		

1月		2月	
ダブルダッチ	16	シンクロなわとび	20
頭はね跳び	72	かかえ込み跳び	68
サッカー	112	キャッチバレー	124

3月			
シンクロマット	60		
ハンドボール	116		

はじめに

　新しい学習指導要領・解説が提示されて 2 年が経ち、2020（令和 2）年 4 月から完全実施になります。

　ご存じのように、今回の改訂では、それまでの「関心・意欲・態度」「思考・判断・表現」「技能」「知識・理解」という体育科で育成すべき資質・能力の示し方が、「知識・技能」「思考力・判断力・表現力」「学びに向かう力（態度）」に変わりました。

　体育の授業で考えると、次のようになるようです。

　　・運動の楽しさや喜びを味わうことができる知識・技能
　　・自己に合った運動との関わり方や生活や社会で実践できる思考力・判断力・
　　　表現力
　　・運動の継続につながる態度の育成

　今回の改定では授業時数は変わらなかったものの、体育授業の充実を通して資質・能力を向上させることができなかった場合、次の改定では授業時間数の削減が検討されることになるのかもしれません。

　学習指導要領は改定されましたが、それで目の前の教育が変わることにはなりません。何よりも学校現場で指導に携わる先生方の尽力がなければ子どもたちは変わらないということです。とりわけ、授業を通した子どもたちの成長が何よりも大切にされなければいけません。

　本書では、体育授業の充実に向けて多様な領域の教材を取り上げ、子どもたちが夢中になって取り組める内容と指導の方法を提示しています。さらに、学習が深まることと子どもたちの学習への取り組みが意欲的になるよう学習カードも準備しました。すでに発刊している中学年・低学年とともに本書をご活用いただき、子どもたちが多様な運動に夢中になって取り組むことを通して体育科で育成したい資質・能力の向上が達成されることを、著者一同、心から願っております。

体育授業実践の会　松本格之祐

授業マネジメント
8つのポイント

授業マネジメント8つのポイント

① サッと集まる集合・挨拶
―授業をスムーズに始めよう！―

集合場所は決めておこう！

授業の開始前、「集合！」や「集まって！」と叫んでいませんか？こうした声を出さざるを得ない理由は、集合場所が決まっていないことによります。

①グラウンド②体育館③プールの3つの場所のどこに集まるのか決めておきましょう。
(例) ①グラウンド→鉄棒の前②体育館→黒板の前③プール→入った横のプールサイド。

それぞれの単元の最初の授業で、集合場所を伝えます。

どんな場所がいいのでしょう？

- × 子どもたちの目の前が道路
  ↓
- ○ 人や車など動くものが見えない所
- ☞ 広がった空間・情報が少ない

- × まぶしい・寒い
- ○ 教師が日を受ける・日当たりがよい所
- ☞ 時程による違いや季節を考慮・場所を変えず、方向を変える

子どもより先に待つ

「次の授業まで5分しかない」「ラインが引いてなかった」「倉庫の鍵が…」教師は多くの教科の指導の為に時間がありません。しかし、「先生が先にいる」から、子どもも間に合わせようとします。チャイムが鳴る前に集合場所に立つことが、「チャイムが鳴ったら行けばいいや」という意識を、「集合場所に時刻を守って集まる」に変える意識改革に繋がります。

「先見の明」を持ち、効率よく準備することが開始をスムーズに進めることに繋がります。学年当初が肝心です。約束を守って集まれたら褒める評価で定着させましょう。

並び方、挨拶は定型化で

授業開始と終わりの並び方、挨拶ほど千差万別なものはありません。「教師の数だけ並び方、挨拶」があります。しかし、毎年変わるのは無駄が多く、非効率的です。並び方、挨拶は学年、学校等で統一しましょう。
①基本的並び方（集合隊形）の統一
　(例) 多くの運動に対応できる「男女混合背の順、4人で1班」を基本にする。
②挨拶の仕方の統一
　(例)「帽子を取って―気をつけ―礼」

(木下光正)

授業マネジメント8つのポイント

② 子どもに準備をまかせる
　～チャイムと同時に授業を開始するために～

授業で児童が活動するイメージをつくろう！

児童が集合する場所、整列のさせ方、主活動の場所、使用する用具の種類、数、置く場所などを考え、指導計画をたてます。

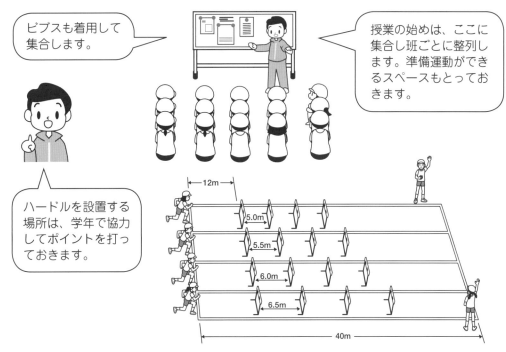

役割分担をしよう！

誰が、何を、どこから、どこにもってくるのかを決めます。学習カードに記入欄などをつくっておけるといいですね。

○1人ひとりの役割を明確にします。（ハードル走の場合）
・体育係・・・タイコ、ストップウォッチ、掲示黒板を用意します。
・個人・・・・班のメンバーが着用するビブスを用意します。
　　　　　　ハードルは、1コース第1ハードルAさん、第2ハードルBさん・・・
　　　　　　のように、一人ひとりの役割を明確にします。
　　　　　　（1コースの準備は1班など、グループごとに、担当コースを決めてもよい）

○ビブスについて
ビブスは、着用するとひとめで所属グループがわかるようになります。また、仲間意識を高めるためにも有効です。しかし、準備や、片づけに時間がかかるので、準備、片づけのルールを決めておくことも大切です。

（保坂篤司）

授業マネジメント8つのポイント

③ 「できる」を保障する授業づくり
～台上前転の指導を例として～

児童の実態に応じて、できることから指導を始めよう！

子どもたちが「できる」ことから指導をはじめ、「これならできそう」と思えるスモールステップを設定します。

○ステップ1　いろいろな前回りをしよう。

ジャイアントウォークから前転　　　ケンケンから前転

※けり足が伸びているため、大きな前転になる

○ステップ2　積み上げたマットの上で回ってみよう。

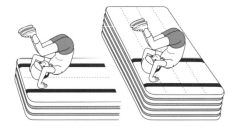

「ステップ1合格」「ステップ2もできた」などのように、「できた!!」を積み重ねることで、子どもたちは自信をもって取り組みます。

○具体的なステップは、それぞれの運動を参考にしてください。

基礎感覚づくりをしよう！

「さかさま感覚」「腕で支持する感覚」など、台上前転に必要な感覚づくりができる運動を、ゲーム化するなどして楽しく取り組ませます。

よじ登り壁逆立ちじゃんけん　　　　　折り返しリレー

基礎感覚が身についていると、簡単に技能の向上を図ることができます。年間を見通して、計画的に基礎感覚づくりに取り組んでおくことが「できる」を保障することにつながると考えています。

（保坂篤司）

授業マネジメント8つのポイント

④ 関わりを深める器械運動の補助・相互観察

積極的なお手伝いをさせよう

　器械運動には友だちを補助する場面が数多くあります。ある動き・技能を向上・獲得することを可能にするためには、正しい動きを繰り返して体がその動きを覚えていくことが大切になります。その際に有効なのが友だちの補助です。
　逆上がりで、友だちの補助で10秒間に3回できると1人でできる力がついてきていることを子どもの実態から学びました。ですから、補助付きの逆上がりであっても1回から2回・3回と回数を増やしていくようにするのです。
　一方、右の写真のように、跳び越す距離を伸ばしていくような馬跳びに取り組むことで開脚跳びに必要な動きを身につけることができます。これも馬になる友達の効果です。

見る・アドバイスする活動を行わせよう

　自分が思っている動きと実際の動きに違いがあるのがほとんどなのかもしれません。しかし、いちいちビデオ撮影をして確認することを日常的に行うのは無理があります。そこで、仲間が見て、伝えてくれる自分の動きを通して修正点も確認できるでしょう。よい動きで拍手をもらえればこんな嬉しいことはありません。
　また、運動のポイントを確認するために全員で仲間の動きを観察する場面も必要になるでしょう。見てもらう、アドバイスをもらうことが技能の上達に繋がります。

（松本格之祐）

授業マネジメント8つのポイント

⑤ 関わりを深める陸上運動の相互観察

陸上運動こそ、子どもたち同士の関わりを深め、相互観察ができる領域です！

　陸上運動と聞くと、「より速く、より高く、より遠くへ！」というフレーズが浮かんできます。また、一人一人が、黙々と取り組むというイメージもあります。どうしたら、「関わりを深め、相互観察をする」が成立するのでしょう。

①「行う」と「観る」ができる場の設定をする

　陸上運動は、目標の一つに記録向上があります。自分の記録だけでなく、仲間の記録にも関心を持たせることも大切です。さらに、互いの動きを観ることで、技能ポイントの理解や発見、アドバイスし合う学習効果が期待できます。

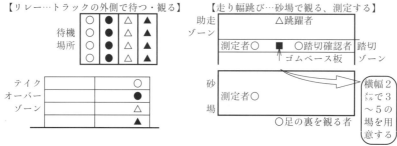

②教師の発問と観察したり比較したりする学習場面をセットにし、技能ポイントの視点を明確にする

　陸上運動は、上記のフレーズの通りシンプルな運動です。走り高跳びの学習は、「またぎ跳び」を指導しつつ、記録向上に向けた技術理解が中心になります。

走り高跳びの技能ポイント

①振り上げる足と踏み切り足　②走り幅跳びとの違い　③助走リズム　④抜き足

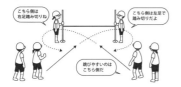

・踏み切り位置
・着地位置
・踵から入る
・手の使い方

「トン・トン・ト・ト・トン」
「1・2、1・2・3」
・自分に合うリズム

・体を振り上げ足に乗り出す
・振り上げ足を振り下ろす

　視点を教えたり示したりすることで、何を観察すればよいかがはっきりし、よく見るようになります。さらに、「教え合う」ことも具体的になり、自分の技能を見直すことにもつながります。関わりを深め、相互観察ができるようにするには、その運動について「どのようにすればできるのか」という運動の知識が必要です。

③記録の向上と競争を楽しみつつ、集団的達成感を持たせる

　「個人記録」を足して、『チーム記録』に！『チーム記録』を足して、《クラス記録》に！リレーは、各チームのタイムを足し算します。他の運動は、「個人記録の足し算」、「記録の伸びの足し算」があります。達成可能なクラスの目標値を提示することで、協同的な学びになり、達成した喜びを全員が味わえます。

（弘中幸伸）

授業マネジメント8つのポイント

⑥ チームづくりのポイント　ボール運動

チーム編成の行い方

①**教師が編成**
- 運動能力、技能、身体的条件、リーダー性、配慮を要する児童等、実態を把握（整理）します。

＜実態把握の例（バスケットボール）＞

	氏　名	性別	身長	50m走	ボール投げ	20秒シュート	その他
1							・リーダー性
2							・少年団加入
3							・配慮事項　等

- 人間関係も考慮しつつ、力が平均化するように編成をします。

②**児童主体で編成**
- 推薦等によりリーダーを決定。リーダーが性別の異なる副リーダーを指名します。
- この男女2名がチームを代表し、別室等で残りのメンバーを選択していきます。

> リーダーは、上手な人というよりも、チームをまとめる役です。男女混合で、どのチームも同じくらいの力になるようにします。揉めたりして決まらない場合は、先生が調整します。

＊全てを子どもに任せるのではなく、教師の指導の下に行います。

③**教師の原案を基に、児童と共に編成**（①と②の混合型）
- 教師が予め編成したチーム案をもとに、リーダーに確認させ修正していきます。

チーム意識を高めるために

①**チーム名、チームカラー**
- ビブスやハチマキの色を決め、チーム名に入れると教師も覚えやすいです。
「レッド○○ズ」
「◇◇ブルー」など

②**役割分担**（一人一役を原則）
- リーダー、副リーダー、ボール、用具、記録…等（人数によっては兼務）

③**ファイトコール**
- ゲーム前に、円陣を組み「レッド○○ズ、勝つぞ！オー！」等のかけ声

④**チーム班、チーム給食**
- 単元中、教室の生活班をチームにしておくと、休み時間や給食時間等にも、ゲームについての話し合いができます。

＊チームプレー、励まし合い、教え合い等、よいかかわりをほめ、クラス全体に広げていくようにしましょう。

（藤田昌一）

授業マネジメント8つのポイント

⑦ ICT活用のポイント
―いつでも、使える！ ビフォー・アフターで！ 短く撮ってしっかり伝え合う―

慣れるが一番

　教師も子どもも日頃から使い慣れているから機器をグッズとして使えます。使われては意味がありません。

（例）①教師がスマートフォンのブルートゥースを使い、ダンスの曲やBGMを流す。＝家でも聞いていますか？
　　　②子どもがタブレットで動くものを視点を決めて撮っている＝社会や理科の授業でも

いつものように、準備運動の曲を流そう

映像はBefore・Afterで視聴

　ノートやカードの代わりに、タブレットを使うこともあるでしょう。しかし、多くはタブレットで動きを撮影、互いに見合うことが多いでしょう。
　撮影した映像を見るのは「ビフォー、アフター」が一番です。何故なら、自分の失敗の繰り返しを見たい子はそういないはずだからです。

「うまくいかない自分」から「上手になった自分」を見ることで達成感が生まれます。

撮る・見るは5分以内で！

映像を「撮って」「見る」
× ①撮影時間が長い
　 ②毎時間撮影

・実質的な運動学習時間を確保することで
○ ①活動の満足感
　 ②できる達成感　が保障されます

仲間と必ず伝え合わせる

同じ場にいても、こんな例があります
× ①「撮る人―見る人」に分かれる
　 ②同じ班に4人いても、2人だけが映像を見て話し、あとの子は関係ない

体育授業は他教科よりも関わりを深めます。
○ ①撮る・見るポイントを示す
　 ②話し合いが上手なグループを褒める

モデルはリアリティのある仲間がベスト

運動や戦術的な動きを見せるには、E黒板で映像を見せるより、仲間の実際の動きを見せる方が納得します。

（木下光正）

授業マネジメント8つのポイント

⑧ 学習カード活用のポイント

　一般的に学習カードは、児童の実態把握と指導への振り返りとして教師側は使い、児童の側からは授業の見通しや記録の伸び、そのプロセスの再現性として「見える化をしたものです。高学年の学習カードでは、そこに科学的な根拠に基づいて運動をする知的好奇心を満たす視点と仲間とともに運動した達成感を記録することで更に意欲化を図ります。

運動を科学する目を養う　知的好奇心をくすぐる

目標値ら	得点	目標値から	得点
＋10cm	15点	－2cm	9点
＋8cm	14点	－4cm	8点
＋6cm	13点	－6cm	7点
＋4cm	12点	－8cm	6点
＋2cm	11点	－10cm	5点
0cm	10点	－12cm	4点

①遠くから踏み切る。　②振り上げ足をまっすぐ伸ばす。　③抜き足を体に引きつける。　④ハードルの近くに着地する。

ノモグラフの活用で個人の能力差を得点化することでなくし、伸びを競うことができます。個人の得点を合計することで班対抗にもなります。

5年生ではハードルの技術を学ぶ達成型、6年生はその技術を生かした競争型の授業展開ができます。得点化で教え合いも活発化します。

なぜ、ハードルを遠くから跳び越す方がいいのかな。近いとどうなるのだろう。運動を科学しよう。イラストをよく見よう。

運動に向かう心を養う　仲間との関わりで人間関係力のスキルアップ

　個人での記録だけでなくクラス全体の合計記録欄があると、記録の向上に連れてクラスの凝集性が高まり一体感が生まれ、クラスが一つにまとまります。

落とさない君は協力し合ってボール落とさない回数を伸ばそう。どうしたら上手にできるかな。上手な班はどうして続くのかな。

バレーボール落とさない君

月／日	オーバー	アンダー
11／1	4回	6回
11／3	5回	8回
11／6	7回	10回

長なわの回し方が上手だと跳びやすいね。前より上手に入れるようになった人を褒めてあげよう。すごいよね。ポイントをみんなで教え合おう。

長なわ1分間跳びのクラス合計の記録・・・クラスの凝集力が高まります。

	1班	2班	3班	4班	5班	6班	7班	クラス合計
2／3	50回	51回	49回	60回	30回	70回	50回	360回
2／5	53回	47回	51回	59回	40回	71回	55回	376回

（伊藤政久）

第5学年及び第6学年「内容」 (小学校学習指導要領 第2章第9節体育)

A 体つくり運動
(1) 次の運動の楽しさや喜びを味わい、その行い方を理解するとともに、体を動かす心地よさを味わったり、体の動きを高めたりすること。
　ア　体ほぐしの運動では、手軽な運動を行い、心と体との関係に気付いたり、仲間と関わり合ったりすること。
　イ　体の動きを高める運動では、ねらいに応じて、体の柔らかさ、巧みな動き、力強い動き、動きを持続する能力を高めるための運動をすること。
(2) 自己の体の状態や体力に応じて、運動の行い方を工夫するとともに、自己や仲間の考えたことを他者に伝えること。
(3) 運動に積極的に取り組み、約束を守り助け合って運動をしたり、仲間の考えや取組を認めたり、場や用具の安全に気を配ったりすること。

B 器械運動
(1) 次の運動の楽しさや喜びを味わい、その行い方を理解するとともに、その技を身に付けること。
　ア　マット運動では、回転系や巧技系の基本的な技を安定して行ったり、その発展技を行ったり、それらを繰り返したり組み合わせたりすること。
　イ　鉄棒運動では、支持系の基本的な技を安定して行ったり、その発展技を行ったり、それらを繰り返したり組み合わせたりすること。
　ウ　跳び箱運動では、切り返し系や回転系の基本的な技を安定して行ったり、その発展技を行ったりすること。
(2) 自己の能力に適した課題の解決の仕方や技の組み合わせ方を工夫するとともに、自己や仲間の考えたことを他者に伝えること。
(3) 運動に積極的に取り組み、約束を守り助け合って運動をしたり、仲間の考えや取組を認めたり、場や器械・器具の安全に気を配ったりすること。

C 陸上運動
(1) 次の運動の楽しさや喜びを味わい、その行い方を理解するとともに、その技能を身に付けること。
　ア　短距離走・リレーでは、一定の距離を全力で走ったり、滑らかなバトンの受渡しをしたりすること。
　イ　ハードル走では、ハードルをリズミカルに走り越えること。
　ウ　走り幅跳びでは、リズミカルな助走から踏み切って跳ぶこと。
　エ　走り高跳びでは、リズミカルな助走から踏み切って跳ぶこと。
(2) 自己の能力に適した課題の解決の仕方、競争や記録への挑戦の仕方を工夫するとともに、自己や仲間の考えたことを他者に伝えること。
(3) 運動に積極的に取り組み、約束を守り助け合って運動をしたり、勝敗を受け入れたり、仲間の考えや取組を認めたり、場や用具の安全に気を配ったりすること。

D 水泳運動
(1) 次の運動の楽しさや喜びを味わい、その行い方を理解するとともに、その技能を身に付けること。
　ア　クロールでは、手や足の動きに呼吸を合わせて続けて長く泳ぐこと。
　イ　平泳ぎでは、手や足の動きに呼吸を合わせて続けて長く泳ぐこと。
　ウ　安全確保につながる運動では、背浮きや浮き沈みをしながら続けて長く浮くこと。
(2) 自己の能力に適した課題の解決の仕方や記録への挑戦の仕方を工夫するとともに、自己や仲間の考えたことを他者に伝えること。
(3) 運動に積極的に取り組み、約束を守り助け合って運動をしたり、仲間の考えや取組を認めたり、水泳運動の心得を守って安全に気を配ったりすること。

E ボール運動
(1) 次の運動の楽しさや喜びを味わい、その行い方を理解するとともに、その技能を身に付け、簡易化されたゲームをすること。
　ア　ゴール型では、ボール操作とボールを持たないときの動きによって、簡易化されたゲームをすること。
　イ　ネット型では、個人やチームによる攻撃と守備によって、簡易化されたゲームをすること。
　ウ　ベースボール型では、ボールを打つ攻撃と隊形をとった守備によって、簡易化されたゲームをすること。
(2) ルールを工夫したり、自己やチームの特徴に応じた作戦を選んだりするとともに、自己や仲間の考えたことを他者に伝えること。
(3) 運動に積極的に取り組み、ルールを守り助け合って運動をしたり、勝敗を受け入れたり、仲間の考えや取組を認めたり、場や用具の安全に気を配ったりすること。

F 表現運動
(1) 次の運動の楽しさや喜びを味わい、その行い方を理解するとともに、表したい感じを表現したり踊りで交流したりすること。
　ア　表現では、いろいろな題材からそれらの主な特徴を捉え、表したい感じをひと流れの動きで即興的に踊ったり、簡単なひとまとまりの動きにして踊ったりすること。
　イ　フォークダンスでは、日本の民踊や外国の踊りから、それらの踊り方の特徴を捉え、音楽に合わせて簡単なステップや動きで踊ること。
(2) 自己やグループの課題の解決に向けて、表したい内容や踊りの特徴を捉えた練習や発表・交流の仕方を工夫するとともに、自己や仲間の考えたことを他者に伝えること。
(3) 運動に積極的に取り組み、互いのよさを認め合い助け合って踊ったり、場の安全に気を配ったりすること。

教材指導のポイント

すぐ使える！
体育教材30選

体育授業実践の会 編

小学校
高学年

体つくり

全員達成！　ダブルダッチ

教材のよさ　・回す子、とぶ子のコラボで成り立ち、関係が深まる。
　　　　　　・様々なバリエーションを、工夫しながら楽しむことができる。

【ステップ２】２人でダブルダッチ

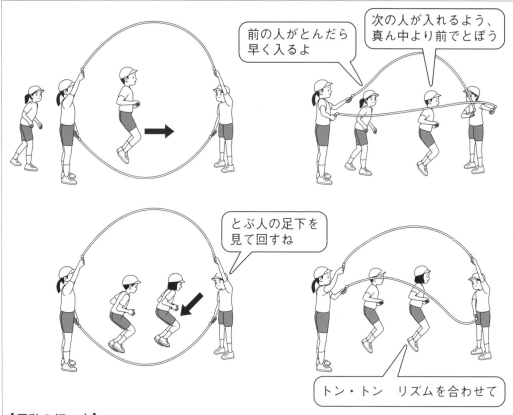

【運動の行い方】
・むかえなわ（手前のなわ）が目の前を通過したら、スタートして、なわに入る。
・１人目は「トン・トン」と中央より前まで進む。１人目がなわに入ったら、すぐに次の人が入る。この時、すぐに入れる子が後から入るようにする。
・２人のとぶリズムを揃えることを意識させる。
・跳躍が高すぎる場合は、上手にとんでいる子モデルに低くとぶよう指導する。
☞衝突防止のため、同じ方向から入るよう指導する。

【ねらい・単元計画】１回20分程度
○ダブルダッチで続けて５回以上跳ぶことができる。

1	2	3・4・5	6・7・8	9・10
【感覚と技能のベースづくり】逆８の字跳び（むかえなわ跳び）		【ステップ１】１人ダブルダッチ	【ステップ２】２人ダブルダッチ	【ステップ３】ダブルダッチ８の字

【感覚と技能のベースづくり】むかえなわとび（逆8の字とび）

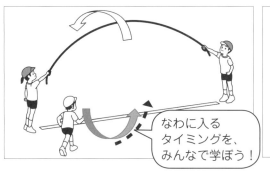

- ダブルダッチは、どの方向から入っても手前になわはむかえなわ（跳ぶ子に対し、下から上に回るなわ）である。したがって、むかえなわに入れることがダブルダッチに入れるポイントになる。
- 8の字跳びの要領で、手前のなわが目の前を通過したらスタートして、なわに入り跳んで出る。

なわに入るタイミングを、みんなで学ぼう！

【ステップ1】1人ダブルダッチ

①とび方

★ここが大切!!　運動の行い方

- むかえなわが目の前を通過したら、なわに入り、手前のなわを跳ぶ。
- 最初の一歩が「ドン」とならないよう、つま先で軽く「トン」と入るよう指導する。
- 真ん中で、なわのリズムに合わせてジャンプを続ける。片足交互でも両足でもよい。
- 回す子は、「腕を大きく回す」「とぶ人の足元を見る」ということを指導する。
- 「入ってジャンプ　入ってジャンプ(待機)」「入ってジャンプ（なわに入る）」「ジャンプ（とぶ）」など口伴奏させることで、入り方、とび方のタイミングやリズムを意識できる。

体つくり　17

【ステップ3】「トン・トン・トン出る」ダブルダッチ8の字①とび方

★ここが大切!!　運動の行い方
・3回目の跳躍(奇数回数)で出る方向(8の字とびと同じななめ)へ前に「トン・トン・トン出る」とジャンプしながら、3回目に8の字方向に抜ける。
・「入って・いち・に・出る」といった口伴奏でもよい。

【ワンポイントアドバイス】

①なわの回し方

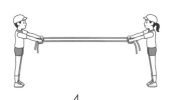
なわを4m程度長さを揃える。

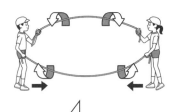
なわが床に当たるまで近づく。

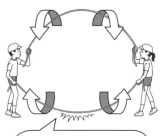
「タン・タン・タン」の一定のリズムで回す。

②うまくなわに入れない　　③なわがうまく回せない

・上手な子に背中を軽く押してもらう。
・入るタイミングを確認する。→口伴奏の確認

・頭の上を通るように大きく回す。
・慣れてきたらひじを支点に回す。

・利き手と反対の回旋が小さくならないように、大きく回す。

■学習カード

全員達成！　ダブルダッチ

年　　　組　　　番　　名前

日付	／	／	／	／	／	／	／	／
むかえなわの8の字とびの回数								
1人でダブルダッチをとべた回数								
2人でダブルダッチをとべた回数								
□人でダブルダッチをとべた回数								
ダブルダッチ8の字がとべた回数								

なわに入るコツ

なわをとび続けるコツ

なわを回すコツ

なわから出るコツ

評価：○2人でダブルダッチが3回連続でとぶことができる。
　　　◎2人でダブルダッチが5回連続でとぶことができる。

（小口佑介）

体つくり　19

体つくり

心を一つに！シンクロなわとび

教材のよさ　・友達とタイミングをそろえる課題に取り組み、楽しみながら縄跳びの様々な跳び方を身に付け、高めることができる。。

【ステップ2】4人でシンクロ！発表会

①挨拶

②共通技

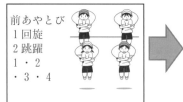

③オリジナル（班で構成）
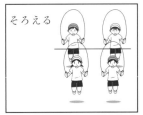

④ポーズ

【運動の行い方】

①発表会の流れ・イメージをつかむ。
　「挨拶→共通技→オリジナル（班で構成）→ポーズ」
②できる2人技を確認する。
③「はやい・おそい」「そろえる」「ずらす」「移動する」の視点から、班の演技の構成を考える。
④班で練習を行う。
⑤発表会を行う。

【ねらい・単元計画】 1回25分程度

○グループで動きを工夫し、リズムを合わせたり、ずらしたりしながら跳ぶことができる。

1～4	5～8
【感覚・技能のベースづくり】「ノンストップ」チャレンジ	
【ステップ1】 2人なわとび！　1本なわ・2本なわ	【ステップ2】 4人でシンクロ！　　　発表会

20　体つくり

【感覚・技能のベースづくり】「『ノンストップ』チャレンジ」

- 1～2分間行い、ひっかからなかった回数を競う。
- 様々な種目に挑戦する。
  （前とび、後ろとび、あやとび（前後）、交差とび（前後））
- 自分の目標とする回数を決め、達成したら帽子の色を変える。
- ゆっくりでも、長い時間跳べる力を身に付けさせる。

★ここが大切!!　運動の行い方

【持ち方】　　　　　　　　　　　　　　　　　【姿勢】

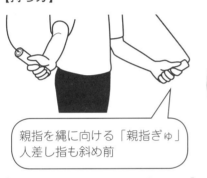

親指を縄に向ける「親指ぎゅ」
人差し指も斜め前

斜め前を見てつま先でジャンプ

【あやとび・交差とびのポイント】

肘下が合わさるようにバッテン

「おへその前・バッテン」

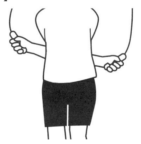

手を体側から外に出す

【あやとび・交差とびの練習】

5回できるように挑戦！
まえとび　→　まえとび　→　交差　→　まえとび

片手なわの回し方に挑戦！

前とびのリズムから、あやとび1回に挑戦し、腕を交差する感覚をつかませる。「トン・トン・バツ・トン」

片手になわを持ち、腕を交差して回したり、8の字に回したりして、なわを回す感覚をつかませる。

【ステップ１】　できるかな？２人なわとび

〈１本のなわ〉

向かい合って

隣り合って

入る・出る
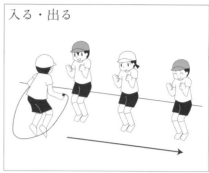

〈２本のなわ〉

同時に前回し

隣り合って　お互いのなわを片方ずつ持つ
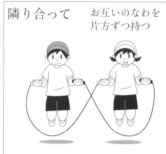

交互に前回し
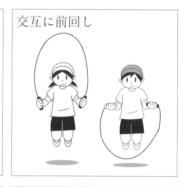

同時にあやとび

はやい
１回旋
　１跳躍

おそい
１回旋
　２跳躍
トン・トン・クル

・「せーの」の声で、タイミングを合わせることが重要。声をかけ合っているペアを称賛、紹介し、学級によい雰囲気を広げていく。

【ワンポイントアドバイス】

- １～２時間目に１本なわ、３～４時間目に２本なわで取り組ませる。
- 最初に手本を示し、みんなでやってみてから、動きの工夫をさせる。
- 時間を区切り、途中で動きを発表させると意欲が高まる。
- 出てきた動きを真似して良いことも伝える。

「せーの」
「やったー！」

・「もう一度やろう！」
「どうやったらできるかな？」
と進んで挑戦できるように声をかける。

■学習カード

シンクロなわとび

年　　　組　　　番　　名前

20秒記録日付	/	/	/	/	/	/	/	/
前とび	回							
後ろとび	回							
あやとび	回							
交差とび	回							
2重とび	回							
	回							

2人であわせよう！		2人の動きをずらそう！	
【前とび】	あわせてみたよ！ 【　　　　とび】	【前後】	ずらしてみたよ！ 【　　　　とび】

4人で跳ぶ動きを工夫しよう！

【　　　】 ➡ 【　　　】 ➡ 【　　　】 ➡ 【　　　】

【　　　】 ➡ 【　　　】 ➡ 【　　　】 ➡ 【　　　】

発表会　（よくできた・できた・もう少しだった）

評価：○友達とタイミングをあわせて跳ぶことができる。
　　　◎友達の動きに合わせて、縄の回す早さを調整しながら跳ぶことができる。

（結城光紀）

体つくり

仲間づくりチャレンジ！

教材のよさ　・仲間と協力して課題を解決し、達成の喜びを共有できる。
　　　　　　・達成に向けての過程と課題達成によって人間関係を向上できる。

【ステップ3】「ファイナルチャレンジ」

「息を合わせてジャンプ！」　　　「目標の達成!!」

「広めの岩の上で」

「狭い岩の上で」

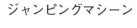
ジャンピングマシーン　　　　　　　　　　　　　　　ザ・ロック

「バランスよく渡れない」

「仲間が協力しよう！」

平均台アルファベット並び

【運動の行い方】
○チャレンジ運動について
・5～6人程度で1グループ。可能であれば偶数組で2グループが兄弟グループ。
・課題が達成できたら達成のポーズとかけ声をかける。
・グループのメンバーを非難しないことを指導する。非難したら最初からやり直す。
・グループの中で役割（リーダー、励まし、よいところ発見、記録、反省会の司会 等）を毎回の授業で交代する。
・運動の場は、他の学級や学年でもそのまま使えるようにすると効率的である。
○ファイナルチャレンジ
　ステップ2で取り組んだ3つの運動（ジャンピングマシーン、アルファベット並び、ザ・ロック）のうちからグループで1つを選び、挑戦する。

1時間目	2～4時間目	5時間目
グループづくり	ステップ2（グループで）「ジャンピングマシーン」「平均台アルファベット並び」「ザ・ロック」	ステップ3（再チャレンジ）「ファイナルチャレンジ！」
ステップ1（2人組で）「スタンドアップ」		

【ステップ１】 ２人組でチャレンジ

チャレンジ課題「スタンドアップ」

「用意」　　　　　「膝を曲げる」　　　　　「立ち上がる」

「腕組みしない」

【運動の行い方】
・イラストにあるように、２人組で背中合わせになり、タイミングを合わせて立ち上がる運動である。
・やり方（お互いに背中を押し合って立ち上がる）がわかれば容易にできてしまう。
・３人で・４人というように人数を増やしたり、左のように「腕組みをしない」ことを課題にしてみると、やり方がよく理解できるだろう。

【ステップ２】 グループでチャレンジ

※【ステップ２】の３つの課題は、身体接触の程度で順番を決めている。

1．チャレンジ課題「ジャンピングマシーン」

「息を合わせてジャンプ！」　　　　　「目標の達成!!」

【運動の行い方】
○連続跳び
　・グループ全員が長なわの中で目標回数（例：連続10回）を跳ぶ。
　・回す役が交代して再度課題に挑戦する。
　・全員で声を出して数える、並び方を考える等の工夫を引き出す。
○発展させた課題に挑戦する
　・回旋しているなわの外から、跳んでいる全員とキャッチボールする。
　・なわの中で跳んでいる者同士でボールを受け渡す。

体つくり　25

2．チャレンジ課題「アルファベット並び」

「バランスよく渡れない」

「仲間が協力しよう！」

【運動の行い方】
・出された（選んだ）課題の通りに並び替える。
・途中で落ちたら最初からやりなおす。
・並び替えに直接関係しない仲間が具体的に（手を持って）サポートすることに気づかせる。
・平均台の数が足りなければ、体育館のライン等を使った練習を行わせる。

【具体的な課題】
「名簿番号」「生年月日」「身長順」「ゼッケン順」「今の逆の並び方！」

3．チャレンジ課題「ザ・ロック」

「広めの岩の上で」

「狭い岩の上で」

【運動の行い方】
・限られたスペースの上でグループ全員が乗る。
・一定時間（5回数える　例：101・102・103・104・105）乗れたら合格。
・次第に乗るスペースを狭くしていく。
・チャレンジタイムを設けて兄弟チームで判定しあう場を設けてみる。
・次第に密着度が増す。子どもは密着度を「タマネギ」と表現。

【用具の工夫】
　　※乗る広さを変えられる物の活用
「踏み切り調節・調節器」「新聞紙」「大きさの違うタイヤ」
「広さの違う板」（合板で作成　70cm、60cm、50cm、45cm等。ない場合は新聞紙で代用）

■学習カード

仲間づくりチャレンジ！

チーム名 _____

3つのチャレンジ運動と課題	できたら○
1．ジャンピング・マシーン 　　かだい1　全員がなわの中に入って10回とぶ。 　　かだい2　回す人を交代して10回とぶ。 　　かだい3　なわの中でボール渡しを10回する。	かだい1 かだい2 かだい3
2．平均台アルファベットならび 　　かだい1　（　　）①名ぼ番号順　　②生年月日順 　　かだい2　（　　）③身長順　　　　④ゼッケン順 　　かだい3　（　　）⑤逆のならび順　⑥（　　）分で 　　　　※上の①～⑥の中から、かだいを選んでちょうせん。	かだい1 かだい2 かだい3
3．ザ・ロック 　　かだい1　チーム全員で岩にのり、5つ数える。 　　かだい2　少しせまい岩にのって、5つ数える。 　　かだい3　もっとせまい岩にのって、5つ数える。	かだい1 かだい2 かだい3
ファイナルチャレンジ 　　グループで上の3つのチャレンジ運動から1つの運動を選び、 　選んだ運動の課題2・3をクリアすること。新しく「課題4」 　をつくってちょうせん。 　・新かだい4（　　　　　　　　　　　　　　　　　　）	チャレンジ1・2・3 前かだい2 前かだい3 新かだい4

評価：○3つのチャレンジの「かだい1・2」をクリアできる。
　　　◎3つのチャレンジの「かだい1・2・3」を全てクリアできる。

（松本格之祐）

体つくり　27

体つくり

いっしょに、楽しく、おしゃべり持久走

教材のよさ ・ペアやグループで、一緒に楽しく走り続けることで、一定時間体を動かし続ける達成感と気持ちよさに気づかせることができる。

【ステップ3】自分たちでコースを設定し、楽しんで走る

(1) モデルコースを走る

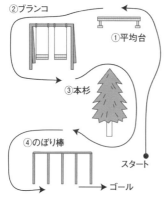

(2) 目標物を5つ決めて、そこを通るコースを走る

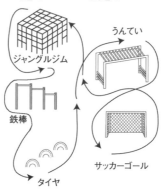

(3) 自分たちで考えたコースを走る

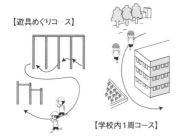

(4) コースを決めずに走る

【運動の行い方】
○(1)モデルコースを走ることから始め、(2)(3)(4)と段階を追って取り組ませ、自由にコースを設定し、自分たちのペースで走る楽しさ、気持ちよさに気づかせる。
○5〜6分程度走り続ける中で、他のグループと合流したり、別のコースに分かれたりしてもよい。
○友だちと一緒に走ったり、好きなコースを無理のないペースで走たりする経験を通して、一定時間体を動かし続ける達成感と気持ちよさに気づかせる。

【ねらい・単元計画】1回25分程度（1時間の後半部分で実施）
○5〜6分間走り続ける能力を高めるとともにその楽しさに気づくことができる。

1	2	3	4	5	6	7	8
【感覚と技能のベースづくり】無理のないペース　【ステップ1】おしゃべり3分間走	\multicolumn{4}{c}{【ステップ2】走る人数や方向を変える}			\multicolumn{3}{c}{【ステップ3】コースを設定して走る}		

【感覚と技能のベースづくり】

○無理のないペース　　　　　　　　　　　　　○苦しくなってきたら

【ステップ1】おしゃべり3分間走

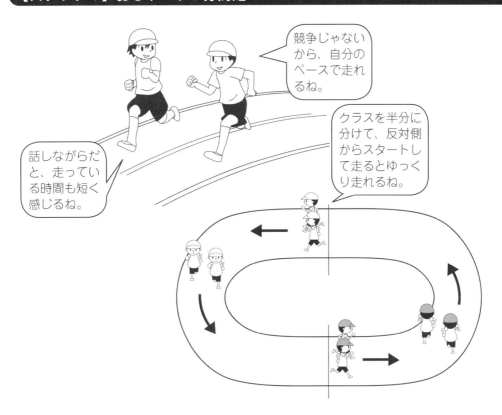

【運動の行い方】
○ペアの友だちとおしゃべりしながら、3分間、歩かずに走り続けることを目標に走る。
○おしゃべりしながら走れるペースが、無理のないペースであることを伝える。
○息があがり、おしゃべりできなくなってしまったり、苦しくなり歩いたりするときは、もっと走るペースを落とす必要があることを伝える。
○ペアの友だちと一緒におしゃべりしながら走る経験を通して、仲間で取り組むことのよさにも気づかせたい。

【ステップ2】走る人数（ペア、グループ）や方向を変えてみる。

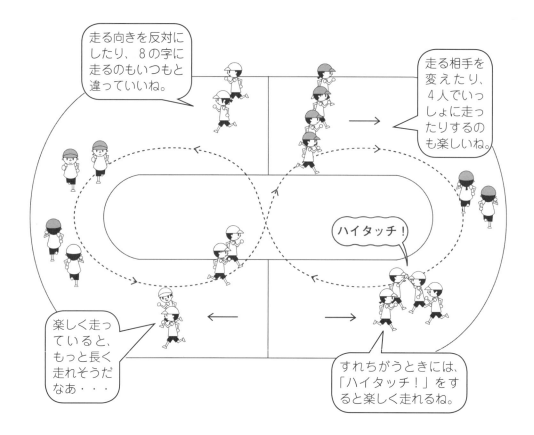

【運動の行い方】
- トラック内を自由に走る。
- はじめは前時とペアを変えて、走る方向を変えて、人数を変えて、8の字など、トラック内を自由に走ってもよい等、条件を示す。
- 最初の約束である、無理のないペース（おしゃべりできるペース）で、歩かない、立ち止まらないことを意識させる。
- 4分間からはじめ、実態に応じて6分程度まで走る時間を増やしていく。

【ワンポイントアドバイス】

無理のないペース（友だちとおしゃべりしながら走れるペース）で一定の時間動き続けることを継続すると、持久力が高まり速く走れるようになることを教えよう。

歩いたり、立ち止まったりせず、一定時間動き続ける目標を達成する喜びや、体を動かす気持ちよさや、仲間と活動する楽しさを伝えよう。

■学習カード

いっしょに、楽しく、おしゃべり持久走

年　　組　　番　名前

◎よくできた　○だいたいできた　△もう少し

時	日付	ペアの氏名	走った時間	時間いっぱい走れた	おしゃべりしながら走れた	ペアといっしょに走れた	コースを決めて走れた
1	／		分				
2	／		分				
3	／		分				
4	／		分				
5	／		分				
6	／		分				
7	／		分				
8	／		分				

評価：○おしゃべりしながら、歩かず走り続けることができる。
　　　◎長く走り続けることの意味を理解し、走ることができる。

（保坂篤司）

体つくり

柔らかな体にしよう！ 柔軟性を高める

教材のよさ　・柔軟性を高める運動は取り組んだだけ結果として表れる運動である。
　　　　　　・怪我の防止やマット運動の学習に役立つ。

【ステップ３】個人とグループの柔軟度のチェック

ブリッジくぐり30秒

前後への開脚

左右への開脚

【運動の行い方】
○ブリッジくぐり
・２人組で取り組ませる。
・一方通行で30秒間に何回くぐることができるか挑戦する。
・２人のくぐった回数の合計をペアの得点にするとよい。
○前後への開脚
・両手で体を支えてよいから、できるだけ脚を前後に開く。距離を確認する。
・仲間とつながっていける距離を伸ばす。
○左右への開脚
・両手で体を支えてよいから、できるだけ脚を左右に開く。距離を確認する。
・仲間とつながっていける距離を伸ばす。

【ねらい・単元計画】　１回10分程度
○継続して取り組ませながら柔軟性の高まりを実感させる。

１・２時間目	３・４時間目	５・６時間目
【ステップ１】「柔軟運動の理解・練習」	【ステップ２】「柔軟度のチェック①（個人）」	ステップ３「柔軟度のチェック②（個人・グループ）」

※ステップ１とステップ２、ステップ２とステップ３の間に１週間ほどの期間を入れ、自宅で継続してストレッチングを行わせる。

【感覚と技能のベースづくり】仲間の協力でいつもより柔らかく

  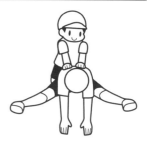

　　ブリッジを持ち上げる　　　　　補助で左右前屈　　　　　　　補助で前屈

★ここが大切!!　脱力と補助の力の入れ方
　柔軟を行う者は息を吐きながら力を抜くように側屈・前屈する。また。補助を行う者は、少しずつ補助の力を入れていく。決して急に力を入れない。

【ステップ１】柔軟運動の理解と練習

ブリッジ
　　　　×　手の着き方　　　　　　耳の横に両手　　　　　　腕と脚に力を入れる

ブリッジにつながる柔軟

　　　　　　肩入れ　　　　　　　　　　　　　　　　　腰の反り

開脚の柔軟

　　　　　前後開脚　　　　　　　　　　　　　　　　　左右開脚

★ここが大切!!
・正しいやり方を理解して取り組む。
・少しずつ柔らかさが高まるように継続する。

【ステップ2】柔軟度のチェック①（個人）

ブリッジくぐり　　　　　　開脚前曲げ　　　　　　前後開脚

★ここが大切‼
- ブリッジくぐりでは、両手・両足にしっかりと力を入れて、大きなトンネルができるようにする。30秒間にくぐってもらった回数が記録になる。
- 開脚前曲げは、ラインに合わせた両方のかかとから体育館の板の何枚分前に両手を着けることができたかが記録になる。
- 前後開脚は、壁に片方の靴を着けた姿勢から、できるだけ遠くに前後開脚した距離（○m○cm、または板目○枚分でもよい）が記録になる。

【ステップ3】柔軟度のチェック②（グループ）

グループ左右開脚

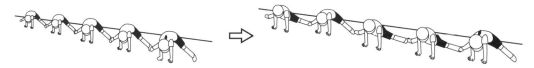

グループ前後開脚

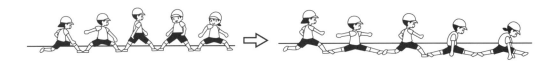

★ここが大切‼
- 1人の柔軟性の伸びは小さくても、集団で取り組むと大きな変化になる。単純に最初から伸びた距離（○cm）でもよいし、1cmの伸びを1点とするように得点化するのもよい。
- 最初の者が長い時間開脚していることになるので、1回ごとに並ぶ順番（開脚する順番）を変えるようにする。

★単元づくり、ここが大切‼
　柔軟性は継続して取り組むことによって確実に柔らかくなるので、ステップ1とステップ2の間、ステップ2とステップ3の間で一定の期間（1週間程度）をおいて家庭での取り組みを促すようにするとよい。
　柔軟性が高まったあとにマット運動の授業が計画されていることが望ましい。

■学習カード

体の柔らかさ

年　　組　　番　名前

月／日	／	／	／	／	／
ブリッジ くぐり30秒 （2人の合計）	回	回	回	回	回
1人 開脚前曲げ	枚	枚	枚	枚	枚
1人 前後開脚	枚	枚	枚	枚	枚
グループ 左右開脚	m　　cm	m　　cm	m　　cm	m　　cm	m　　cm
グループ 前後開脚	m　　cm	m　　cm	m　　cm	m　　cm	m　　cm

評価：〇開脚前曲げで板目2枚以上増やすことができる。
　　　◎開脚前曲げに加え、前後開脚でも2枚以上増やすことができる。

（松本格之祐）

体つくり

たくみに動こう！
ボール・棒・リング操作

教材のよさ　・楽しみながら、さまざまな用具の操作能力を培うことができる。

【ステップ3】リングでさまざまな動きにチャレンジ

■2人の動き
①向かい合って転がす・投げる　何回続くか挑戦する

2人同時にぶつからないよう転がしキャッチ　2人同時に投げ上げキャッチ
　〇条件の変化→・距離を伸ばす・人数を増やす等
②その場で回して移動してキャッチ　何回続くか挑戦する

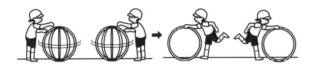

2人がそれぞれ回し　移動してキャッチ

〇条件の変化
→・回さず、手を離して
　・人数を増やす
　・距離を伸ばす

■1人の動き　転がしてくぐる

〇条件の変化
→・くぐる方向を変える
　・何回連続してくぐれるか
　　挑戦する
　・仲間→自分で

仲間が転がしたり、自分で転がしたりしたリングをくぐり抜ける

【運動の行い方】
・4人1組程度。2人、1人の動きは、毎時全て行うのでなく、1つずつ扱ってよい。
・教具は直径80cm程度の外経、直径2cm程度の中空のリングを使用するとよい。
・1グループの中で、ペアやトリオを組み、観察したり、記録を計ったりさせる。
☞くぐる際は、できるだけまっすぐ転がさせ、周りをよく見て行うよう指導する。また、同じグループの子にも危ない場合は声をかけるよう指導する。

【ねらい・単元計画】　1回20分程度
〇ボール前転とりやリング操作を通し、用具操作や体を巧みに動かす力を身につけることができる。

1～3	4～6
【感覚と技能のベースづくり】	
ボール操作	リング操作
【ステップ1】ボール前転とり	【ステップ2】さまざまな操作に挑戦

【感覚と技能のベースづくり】

■ ボール
① バウンド1回転キャッチ

1人がボールを相手に向けてバウンドパス　　それに合わせて回転してボールをキャッチ

② ボールつき、2人組チェンジ

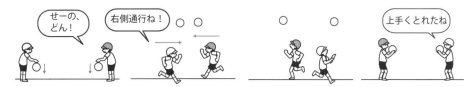

2人が同時にバウンドさせ、走ってキャッチする

③ ボール投げ上げとり　　　　　　　　　　④ 股下投げ上げとり
　前から背面と背面から前もできる

前から背中側に投げキャッチ　　　　　　股下からボールを投げ上げキャッチ
背中側から投げて、前でキャッチ　　　　手をお尻より出し、投げ上げる方向を意識する

■ リング
① 片手で　→両手で　　　　　　　　　　　② 指で回す

手首の位置等でリングを前後に回す

よーイドンで回し10秒倒れないか等の目標を持たせる

④ 逆回転させてキャッチ

【ここがポイント】
・1人の動きも2人の動きも、最初はできるか挑戦させ、できたら一定時間に何回続くか、何秒続くかなど課題を発展的に設定する。

リングを逆回転させ、手元に戻ったリングをキャッチする

☞ 2人の動きは、ぶつからないよう右側通行など約束を決める。

＊ボールもリングも毎時、1つか2つ扱えばよい。
＊ボールはミカサのスマイルボールがよい。

体つくり　37

【ステップ1】ボール前転とり

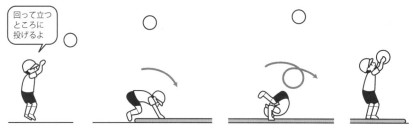

ボールを投げ上げ　すぐに前転　回転したらボールをキャッチする

【ここがポイント】
(1) ステップを踏む
①仲間に前から投げてもらう　　　　　　②仲間に回転姿勢の後ろから投げてもらう

回転する子の起き上がる位置にフワッと投げる　　　　回転する子の起き上がる位置に、捕る子が余裕があるよう高くフワッと投げる

(2) キャッチにもステップをつける　　　　　　　　　(3) ボールを見る
　①寝て　　②おしりを付けて　③しゃがんで　④立って

1点　　　　2点　　　　3点　　　　4点　　　　回転後半（起き上がる途中）
OK　　　　上手　　　素晴らしい　完璧　　　　はボールを目で追う

■発展として
①手をたたいて　②片手でキャッチ　③2回転してからキャッチ
　からキャッチ

【ここがポイント】
・「仲間が投げてキャッチ」から「自分で投げてキャッチ」へとステップを踏んで行う。
・①投げる高さ（上手になれば低くなる）②投げる位置（回転して立つ位置）を運動観察で意識させる。
・キャッチの方法も発展的な得点化をすることで意欲が高まる。10秒間に何回キャッチできるかに発展させる。

■学習カード

ボールやリングを使いこなそう

年　　　組　　　番　　名前

できるようになったことや回数を（　）に、○や数で書きましょう。

一回転キャッチ		①右回りでとれる（　　　） ②左回りでとれる（　　　） ③（　　　）回連続してとれる
2人組チェンジ		①2人で1回はとれる（　　　） ②2人で2回とれる（　　　） ③30秒間に（　　　）回とれる
投げ上げとり		①お腹側から投げ、背中側でキャッチできる（　　　） ②背中側から投げ、お腹側でキャッチできる（　　　） ③股下から投げ、キャッチできる（　　　）
ボール前転とり		前から投げてもらう　　後ろから投げてもらう ①前から投げてもらいキャッチできる（　　　） ②友達が後ろから投げたボールをキャッチできる（　　　） ③キャッチ方法　→寝て（　　　）座って（　　　）しゃがんで（　　　） 　　　　　　　　　立って（　　　）片手で（　　　）2回転（　　　） ④10秒間で（　　　）回キャッチできる
リング回し		①右手で前に回せる（　　　）　　①右に回せる（　　　） ②左手で前に回せる（　　　）　　②左に回せる（　　　） ③右手で後ろに回せる（　　　） ④左手で後ろに回せる（　　　）
リング転がし		①転がすことができる（　　　） ②2人で続けて（　　　）回、転がしてキャッチできる ③逆回転をさせキャッチできる（　　　）
2人でキャッチ		①2人同時に転がし、（　　　）回続けてキャッチできる ②2人同時に投げ上げ、（　　　）回続けてキャッチできる ①2人で回し移動してキャッチできる（　　　） ②（　　　）回続けてできる
リングくぐり		①仲間が転がしたリングをくぐれる ②仲間が転がし（　　　）回くぐれる ③自分で転がし、くぐれる ④自分で転がし（　　　）回くぐれる

評価：○巧みな動きを理解し、ボール前転とりやリングくぐりなどの操作ができる。
　　　◎巧みな動きを理解し、ボールやリング操作が上手にできる。

(木下光正)

体つくり

ボール操作能力を高める！スロー＆キック

教材のよさ ・ボール（ディスク）の投捕や蹴る・止める動きを同じ場で行え、楽しく、効率的に活動することができる。

【ステップ3】パス＆ランゲーム

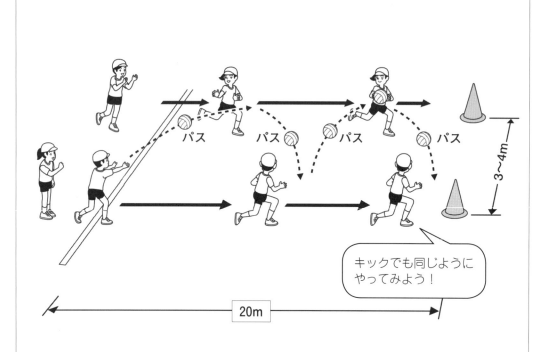

【運動の行い方】
- ボールを持って走ることができないルール。相手にパスをしながらカラーコーンのあるエリアまでボールを運ぶ。パス→ラン→キャッチ→ストップ→パスの連続で運ぶ。
- 相手にパスをする時は、相手の2～3m前にボールを投げる。（リードパス）
- パスをしたら、すぐに前に走る（パス＆ラン）。
- 目標となる時間を設定したり（例：手で20秒、キックで30秒）、2コートで相手チームと競争したりすると意欲的に取り組める。

【ねらい・単元計画】 1回15分程度
○数多く、ボール操作に慣れ親しむことができる。

1～4	5～8
【感覚・技能ベースづくり】 キャッチボール	【ステップ2】 対面パス
【ステップ1】移動キャッチ	【ステップ3】パス＆ランゲーム

【感覚・技能のベースづくり】キャッチボール

①バウンドキャッチ　　　　　　　　　　②30秒間キャッチボール

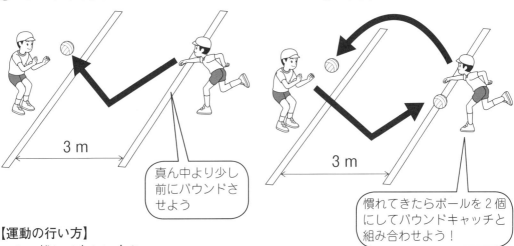

【運動の行い方】
- 3m離れて向かい合う。
- 30秒間でキャッチボールの回数を他のペアと競い合う。
- 「30秒で〇〇回以上できたら、2人の距離を大股1歩離す」「片手投げ→両手投げ」などの条件を発展的に扱う。

★ここが大切!!　運動の行い方
- 相手が捕りやすいボールを投げる。
- ボールを捕るときは手の平が相手に向くようにする。

【ステップ1】移動キャッチ

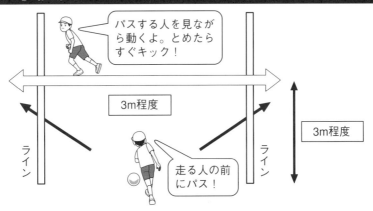

【運動の行い方】
- 3m程度の間隔でラインを引く。
- 1人はラインの間を移動し、ラインよりも外でパスをもらう。もう1人はコーンの中間地点に立ち、そこから動かずに右・左と移動している仲間にパスを出す。
- 一定時間(例：30秒間)にパス交換できた回数や連続してパス交換できた回数を点数化し、伸びを確認する。

★ここが大切!!　運動の行い方
- パスをもらう人が走りながらラインよりも外でパスをもらうことを意識させる。
- パスを出す人は移動している仲間の2m程度前にパスを相手の動くスピードに応じて蹴ることを意識させる。上の図はキックであるが、初めは手で投げるからでよい。

【ステップ２】対面パスゲーム

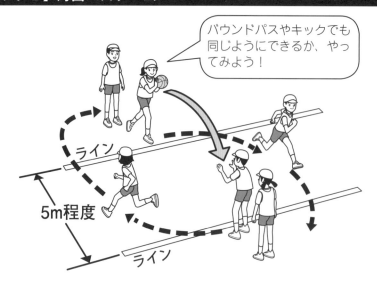

【運動の行い方】
・１チーム６人程度のチームを編成し、５m程度の幅を挟んで半分に分かれる。
・向かい合っている仲間にパスを出した後で前方へ走り、対面しているグループの最後尾に並ぶ。
・一定時間（例１分）でのパス回数に目標を持たせたり、他のグループとの回数を競い合ったりする。
・最初は胸の前から両手で投げるチェストパスがよい。慣れたらバウンドパスやインサイドキックなどで行う。

★ここが大切!! 運動の方法
・相手がキャッチしやすい（胸もしくはお腹）ボールを投げること、蹴ることを意識させる。

【ワンポイントアドバイス】

①投げるからキックに変えたり、教具を変えたりする。

> ・ステップ１、２、３はいずれも、投げるからキックへ、ボールからフライングディスクへ、など用具操作の仕方や教具を変えても同じ場で活動できるよさがある。初めは扱いやすいボールで行い、慣れてきたら様々なバリエーションへ移行していくとよい。

②見通しをもって、計画的に取り組む。

> ・ボール操作の技能は短期間では身に付きにくいため、組み合わせ単元による年間を見通した計画が大切である。細く、長く、ボール操作に取り組むことで技能は高まっていく。また、授業で扱っている期間は休み時間の遊び（ボール操作の生活化）へとつながることも期待できる。
> 〈例〉第６学年のボール運動（ゴール型）
>   ４月：感覚・技能のベースづくり、ステップ１
>   10月：ステップ２、ステップ３
>   ２月：バスケットボール

■学習カード

スロー＆キック

年　　　組　　　番　　　名前

できたことに ○を しましょう

バウンドキャッチ	5回　10回　15回　20回　25回　30回　その他（　　　）	キャッチボール	5回　10回　15回　20回　25回　30回　その他（　　　）
3 m		3 m	

移動キャッチ	5回　10回　15回　20回　25回　30回　その他（　　　）	対面パス	5回　10回　15回　20回　25回　30回　その他（　　　）
3 m程度　ライン　ライン		ライン　5m程度　ライン	

パス＆ランゲーム

パス　パス　パス　パス

3～4m

（　　　）分で

（　　　）回できた。

パスを出したり、捕ったりするポイントについて書きましょう。

....

....

....

....

評価：○移動キャッチが15回できる。　◎リードパスができる。

（石坂晋之介）

体つくり　43

器械

ダルマ回りを入れた連続技に挑戦！

教材のよさ ・色々なダルマ回りを取り入れながら、連続技を行うことで、楽しみながら、回転感覚を身に付けることができる。

ダルマ回りを入れた連続技【ステップ3】

ダルマの姿勢　重要!! ・脇を締める・腿を持つ・肘に鉄棒をつける

①跳び上がり→ダルマ回り→後ろダルマ回り

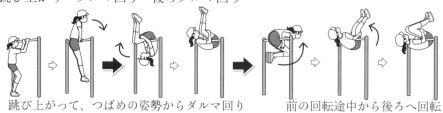

跳び上がって、つばめの姿勢からダルマ回り　　　前の回転途中から後ろへ回転

②逆上がり→バッテンダルマ回り→片足ダルマ回り

逆上がり　　　　　　　　　手を交差する　　　　　片足を抱える

③逆上がり→ダルマ回り（前）→片足ダルマ回り→バッテンダルマ回り

逆上がり　　　　　　　　　　　　　　　手を交差する　　　片足を抱える

【運動の行い方】
・組み合わせ方と技のスムーズなつなぎ方を指導する。
・児童の実態により、上がり技や下り技を変えさせたり、自分たちに選ばせたりする。
・連続技を行う際、回転途中で持ち替える場合は、頭が下に下がった時（ふとんほしの姿勢）に持ち替えるよう指導する。
☞ **下りる際は、落下防止のため、必ず前回りで下りる。**

【ねらい・単元計画】1回25分程度
○ダルマ回りを入れた連続技ができる。。

1～3	4～7	8～10
【感覚と技能のベースづくり】 （自分でゆらす・補助でダルマ回り）		
【ステップ1】 （補助や1人でダルマ回り）	【ステップ2】 （バリエーションダルマ回り）	【ステップ3】 （連続技）

【感覚と技能のベースづくり】

①鉄棒の持ち方

×落下します
肘をつけていない

落下の危険！

〇腿を持つ・脇を締める・肘に鉄棒をつける

・鉄棒の押さえ方を間違っていると、落下の危険があるので、教師が直接見たり、友だち同士で見合ったりして確認する。

「腿・脇・肘」の3つを確認!!

②ダルマの姿勢からゆらす

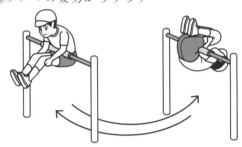

・鉄棒の下から肘を鉄棒につけ、腿を持つ。
・脇を締めて、肘を鉄棒につける。
・足を伸ばして振り、最後に曲げる。
・ブランコをこぐように、足を伸ばして曲げる。
・ダルマの姿勢からゆらす前段階として、前回りおりやふとんほしを十分に行う。

【ステップ1】補助や1人でダルマ回り

①補助でダルマ回り

補助者は実施者側

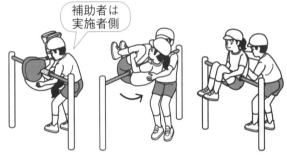

・自分で大きくゆれることができるようになったら、友達の補助で回転する。
・補助者は、実施者側に立つ。
☞補助については、「ブランコの途中で背中を持ち上げる」「力を入れすぎない」「重かったら2人で両側から持ち上げる」ことを指導する。

②1人でダルマ回り

　足のブランコを大きく振り、その勢いで回り始める

・伸ばして　・曲げて　・伸ばして　・曲げて（くるん！）　・前回りで下りる

★ここが大切!!　運動の行い方

・補助で連続5回以上回れるようになったら、最初の1回だけの補助で回してもらい、後は、1人で3回を目標に挑戦する。
・ダルマの姿勢(①脇を締める　②腿を持つ　③肘に鉄棒をつける)をしっかりと指導する。
☞下りる際は、落下防止のため、必ず前回りで下りる。

【ステップ２】バリエーションダルマ回り

①バッテンダルマ回り

腕をクロスさせて抱える

②片足ダルマ回り

片足を抱える

③後ろダルマ回り

後方への回転

★ここが大切!!　運動の行い方
- バッテンダルマ回りでは、手を交差させ、回転軸をしっかりと固定させる。足を曲げて回転の勢いがつかないことがあるので、伸ばすことを意識させる。
- 片足ダルマ回りでは、片足を抱え、回転をスムーズにし、バランスがとれるように、肩が傾かないようにする。
- 後ろダルマ回りでは、腿をしっかりと持ち、回転軸を固定させる。体を振り、上体が鉄棒の高さに上がってきたら、ひざを曲げ、後方へ蹴り出す。

【ワンポイントアドバイス】

①後ろダルマ回りの補助

- 友達２人が実施者の反対側に立ち、腿と背中を持ち上げる。
- 膝裏を持ち、鉄棒の上に引っかける。
- ☞ **実施者は、途中で絶対に鉄棒から手を放さないようにする。**

②技のつなぎ方

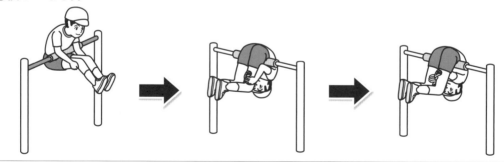

- ダルマ回りから、連続技を行う場合、「片足を抱える（バッテンダルマ回り）」「手を交差する（バッテンダルマ回り）」の順で取り組ませ、一度に両手の持ち替えをさせないようにする。
- ☞ **落下防止のため、ダルマ回りから、バッテンダルマ回りへの持ち替えはさせない。**
- 上がり技は、跳び上がり（つばめ）や逆上がり等、低学年や中学年で身に付けた技で行ってもよい。
- 下り技は、前回り下りで、ゆっくり下りるように指導する。

■学習カード

ダルマ回りを入れた連続技

年　　　組　　　番　　名前

段階	わざ 月 / 日		できたら○を書こう							
1	補助ダルマ回り	1回								
		3回								
		5回								
2	1人でダルマ回り	1回								
		3回								
		5回								
3	バッテンダルマ回り	1回								
		3回								
		5回								
4	片足ダルマ回り	1回								
		3回								
		5回								
5	後ろダルマ回り	1回								
		3回								
		5回								
	連続技									
6	跳び上がりーダルマ回りー後ろダルマ回り									
	逆上がりーバッテンダルマー片足ダルマ回り									
	逆上がりーダルマ回りーバッテンダルマ回り片足ダルマ回り									
	自分で作った連続技									
7										

ダルマ回りのコツを書きましょう。（鉄ぼうの学習が終わったら）

＊授業の中での回数でも、連続の回数でもよい。

評価：○色々なダルマ回りができる。　◎ダルマ回りを入れた連続技ができる。

（萩原雄麿）

器械　47

器械

かっこよく後ろにクルン！
空中逆上がり（後方支持回転）

教材のよさ　・ダイナミックに体を振って後ろに回ることで、子どもにとってかっこよく、発展性があり、自己の能力に応じて技能を高めることができる。。

【ステップ2】空中逆上がり（後方支持回転）

【運動の行い方】
・4人1組
・腕立ての振動から足の振り下ろしの勢いを利用し、鉄棒を巻き込むようにして後方へ回転する。
・児童の実態に応じて、下りずに振り直して繰り返す足し算や連続回転に挑戦させる。

【ねらい・単元計画】　1回25分程度
〇後方支持回転ができる。

1～4	5～8
【感覚と技能のベースづくり】（連続逆上がり・後ろ振り跳び）	
【ステップ1】（お手伝い空中逆上がり）	【ステップ2】（空中逆上がり） 【発　　　展】（連続・足伸ばし）

【感覚と技能のベースづくり】

①後ろ振り跳び

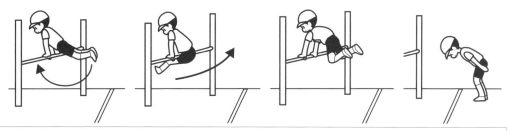

- 肩幅程度に足を開き、順手で鉄棒をにぎる。
- 足を大きく振り、後ろに張ったゴムを飛び越す。
- 足振りで勢いの付け方を身に付ける。
- ゴムを張る距離や高さを変えることで意欲を高める。

②連続逆上がり

- おなか程度の高さの鉄棒で行う。
- 逆手ではなく順手で行う。
- 決められた時間に何回できるか行う。毎時間積み重ね、自己の伸びを確かめる。（10秒間に4回以上を目安にできるとよい）
- できない場合は補助で行わせる。

【ステップ１】お手伝い空中逆上がり

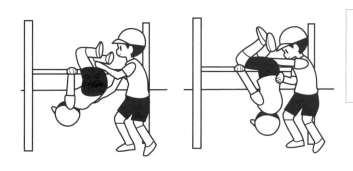

- 補助ベルトや柔道の帯、タオルなどを用いてもよい。
- 空中逆上がりの運動のポイントを意識しながら取り組ませる。

★ここが大切!!　運動の行い方
①「イチ、ニのサン」でおなかが鉄棒に着いたら回り始める。
②ひざを曲げて鉄棒を引っかける。
③補助者は実施者の前に立ち、腰とももを持ち上げる。重ければ両側について２人で補助する。
④補助で１回回れるようになったら鉄棒から下りずにもう一度振り直して回る。鉄棒から下りずに回る感覚を高めることで、２～３回補助で回れたら自分で回れるようになってくる。補助が軽くなったら上手になっていることを全員に伝えておく。

【発展】連続・足伸ばし

①連続

最初の回転の勢いを生かして連続回転

※足の曲げ伸ばしを利用してもよい。

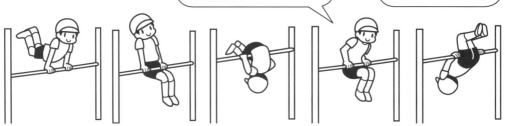

②足伸ばし

軸の固定がうまくいくかがポイント

【ワンポイントアドバイス】

①腕支持ができずに腰が落ちてしまう

②腰まげが早すぎることで逆に回転が止まる

・肩の倒し込みが怖いことが考えられる。逆上がりを行い、後方への回転感覚を高めさせる。

・腰まげが早くならないように強く意識させる。

③鉄棒におなかがつく前に回転しようとして鉄棒からおなかが離れる

・おなかが鉄棒についてから回ることを強く意識させる。

■学習カード

空中逆上がり（後方支持回転）

年　　　組　　　番　名前

	技		できたら○を つけよう
連続 逆上がり	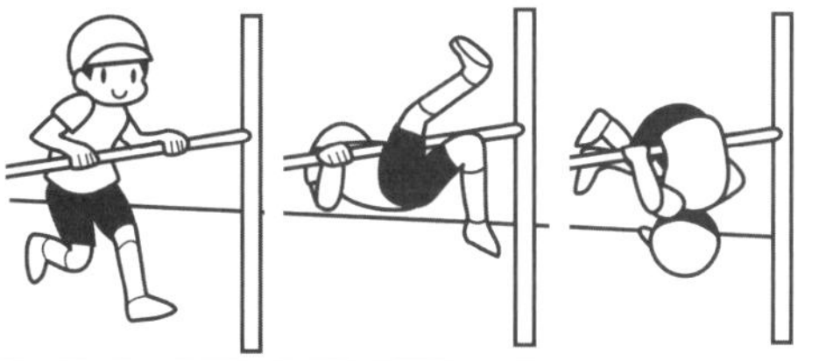		30秒間に 回
お手伝い			
一人で			
連続	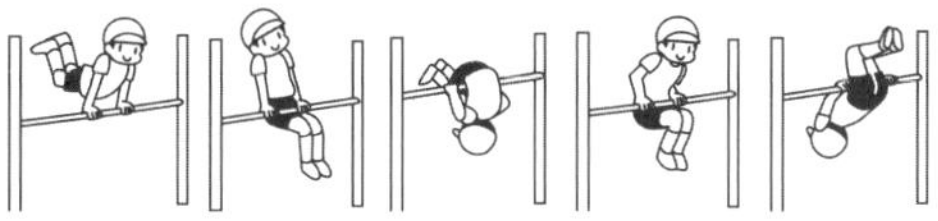	3回	
		5回	
		それ以上	
足伸ばし		1回	
		連続3回	
		連続5回以上	

学習を終えて（空中逆上がりのポイント・コツを書きましょう。）

評価：○一人で後方支持回転ができる。　◎連続や足伸ばしで後方支持回転ができる。

（高橋明裕）

器械　51

器械

ピタ！クルン！倒立前転

教材のよさ
・技の発展性があり、個々の技能に応じて取り組むことができる。
・補助してもらいやすい倒立と、前転の2つの技を組み合わせた技であり、できた感覚がつかみやすい。

【ステップ3】倒立前転

【運動の行い方】

・4人1組の場で行う。
・倒立前転では、ペアに横から見てもらい、真っすぐ倒立できているか評価してもらう。
・倒立状態で静止できないときは、ステップ1の壁登り逆立ちの行い方で、倒立状態で1、2と止まってから前転の練習をするとよい。
・肩を前に出しながら前転することを意識させる。

【ねらい・単元計画】 1回25分程度
○倒立姿勢からの前転ができる。

	1	2	3	4	5	6
15分	感覚・技能のベースづくり ジャイアントをウォークからの前転・背支持倒立からの起き上がり・壁倒立					
10分	【ステップ1】 壁登り逆立ちからの前転 足を持ち上げてもらってからの前転		【ステップ2】 補助倒立からの前転		【ステップ3】 倒立前転	

【感覚と技能のベースづくり】

①ジャイアントウォークからの前転

・大きな歩幅で数歩歩き、そのままマットに前転する。

②背支持倒立からの起き上がり

・背支持倒立で3秒止まった後、手を耳の横の位置に着いて、しゃがみ立ちになるように体を起こす。

③壁倒立
・壁から20ｃｍ程のところに両手を着き、あごを出してマットを見ながら片足から振り上げ、壁に両脚をつけ止まる。

【ステップ１】

①壁登り逆立ちからの前転

★ここが大切!!　運動の方法
・倒立状態の時に、しっかりマットを3秒見てから、あごを引き、壁を蹴る。
・壁を蹴りすぎると背中からマットに着き、危険。壁から足が離れる程度に蹴る。初めは友達に足をもってもらってもよい。

②足を持ち上げてもらってからの前転

- 足の持ちあげは両側から補助者2人で行うとよい。
- 補助倒立の状態から、補助者に手を離してもらい、自分で前転できるように練習する。
- 補助倒立前転が安定してできるようになってから、倒立前転に挑戦する。

【ステップ2】補助倒立からの前転

- 補助倒立の状態から、補助者に手を離してもらい、自分で前転できるように練習する。
- 補助者は初め2人で行う。腰と足がしっかりと上がるようになったら、1人で補助してよい。
- 補助倒立前転が安定してできるようになってから、倒立前転に挑戦する。

【ワンポイントアドバイス】

一人での壁倒立が難しいときは、補助をしてもらう。

■学習カード

ピタ！クルン！倒立前転

年　　　組　　　番　名前

・できたら○を書こう

時間	1	2	3	4	5	6
日付	／	／	／	／	／	／
ジャイアントウォークからの前転						
背支持倒立からの起き上がり						
壁倒立						
壁登り逆立ちからの前転						
足を持ち上げてもらってからの前転						
補助倒立からの前転						
倒立前転						

倒立前転のコツを書きましょう

評価：○補助をしてもらって倒立前転ができる。　◎倒立前転ができる。

（岩﨑真之介）

器械　55

器械

かっこよくきめよう！ホップ側転

教材のよさ　・ホップ側転の動きのダイナミックさに、子どもは憧れる。
　　　　　　・発展性があり、能力に応じた技に挑戦することができる。

【ステップ3】ホップ側転

- 軽く助走する
- 両手を高く上げてホップ
- 足を勢いよく蹴り上げ回転の勢いをつける
- 肘、腰、膝を伸ばす
- 最後までマットを見る
- 来た方向を向いて立つ

【運動の行い方】
- 4人1組の場で行う。
- 手を後ろから振りながらホップし、両手でマットを押しながら伸び上がる。着手方向につま先を向けると着地が安定する。
- 必要な腕支持感覚や逆さ感覚を充分に養い、やさしいステップ（ゴム側転→縫い目間側転→側方倒立回転→ホップから側方倒立回転）で取り組ませる。

【ねらい・単元計画】 1回25分程度
○ホップからの側方倒立回転ができる。

1〜2	3〜4	5〜
【感覚と技能のベースづくり】（かべ逆立ち・バンザイスキップ）		
【ステップ1】（バンザイ側転）	【ステップ2】（ゴム側転）	【ステップ3】（ホップ側転） 【発　展】（前ひねり）

【感覚と技能のベースづくり】

①かべ逆立ち

・倒立での腕、腰、脚の伸びを意識させる。

②バンザイスキップ

・最初は自由な方向に30秒程度スキップする。
・次に両手を上げ下げする万歳スキップをする。
・太鼓でリズムをとるとよい。

【ステップ1】バンザイ側転

前足と同じ側の手を最初にマットにつける

マットを見る

後についた手と同じ側の足からマットに着地

★ここが大切!!　運動の行い方
①進行方向に対して、正面を向いてから片足を前に出し、手を上から振り下ろす。
②手をつき、足を振り上げる。視線は両手の間。
③先に振り上げた足（最初の姿勢の後ろ足）から着地する。
④最初の位置の方につま先を向ける。
※たとえ高学年でも、これまでに学習経験がなければ川とびや大の字回りから始める。
※側方倒立回転については、「中学年」（P56〜）を参照。

【ステップ2】ゴム側転

← バンザイ
← 顔
← 胸
← へそ

・まずは側転を大きくきれいにできるようにすることが大切。
・ゴムを意識することで次第に大きく回れるようになる。

【発展】ロンダート・前ひねり

① ロンダート

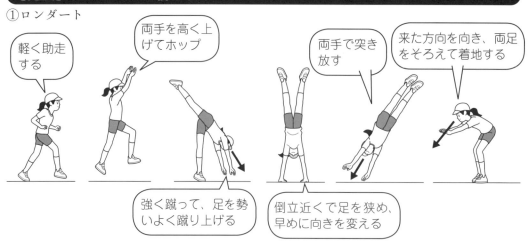

※ いきなりホップからロンダートを行うのではなく、まずは側方倒立回転から後ろにひねって着地することから取り組ませる。

② 前ひねり

【ワンポイントアドバイス】

① 「いち、にの、さーん」で側転

- 「いち、にの、さーん」のリズムに合わせて両手の上げ下げを繰り返し、「さーん」で入る。
- 子どもたち同士で声をかけあったり、太鼓でリズムをとったりするとよい。

② 縫い目間側転

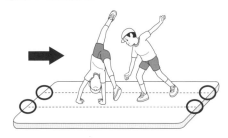

- 縫い目を利用することで次第にまっすぐ回れるようになる。

■学習カード

ホップ側転・ロンダート

年　　組　　番　　名前

	技		できたら○をつけよう
バンザイ側転		①大の字回り	
		②腰と膝を伸ばして	
		③まっすぐ	
		④連続	
ゴム側転		①へそ	
		②胸	
		③口	
		④頭	
		⑤バンザイ	
ホップ側転		①その場でホップして	
		②2～3歩助走して	
【発展】ロンダート			
【発展】前ひねり			

学習を終えて（ホップ側転やロンダートのポイント・コツを書きましょう。）

評価：○ホップして入り、転ばずに着地することができる。
　　　　◎まっすぐに、腰を上げて膝を伸ばして行うことができる。

（高橋明裕）

器械

ぴったり！バラバラ！シンクロマットパフォーマンス

教材のよさ　・友だちと動きを合わせたり、ずらしたりしながら、自分のもつ技で取り組むことができる。

【ステップ3】パフォーマンスづくり

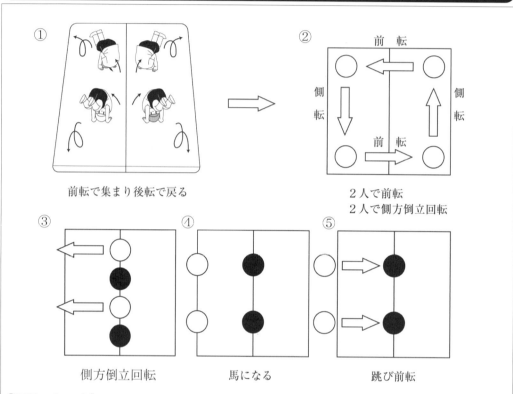

【運動の行い方】
・これまでに学習した技を組み合わせて、合わせたり、ずらしたりして演技を構成する。
・ひとつの動きが終わった位置から次の演技が構成できるようにしていくと演技にまとまりが出る。
・4人1組で2班の兄弟班を作っておくと、互いに動きを見合い、アドバイスをし合える。また、タブレット等のICT機器を使用し、動画を兄弟班で撮り合うと自分たちの出来栄えを確認する事ができる。
・発表会があること、発表時間（1分程度）や運動の数などを説明しておく。

【ねらい・単元計画】　1回25分程度
○動きを合わせたり、ずらしたりして演技が構成できる。

1・2	3・4	5〜7	8
【感覚・技能のベースづくり】　基本的な技の習熟			発表会 パフォーマンスバトル
ステップ1 2人でシンクロ	ステップ2 4人でシンクロ	ステップ3 パフォーマンスづくり	

【感覚と技能のベースづくり】基本的な技の習熟

①前転　　　　　　　　　　　②後転

③側方倒立回転

★ここが大切！！　運動の方法
・早く回ったり、ゆっくり回ったりさせ、速さを意識させる。
・足を伸ばしたり、曲げたり、動きの大きさも意識させる。
・上手くいかない技はシンクロの中でも練習することを伝えておく。

【ステップ１】２人でシンクロ

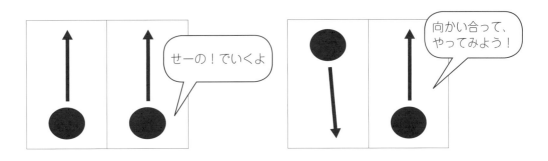

★ここが大切！！　運動の方法
・２人組で動きを合わせて、前転や後転、背支持倒立、側方倒立回転、Ｖ字バランスなど簡単な動きに挑戦する。
・はじめは、教師側から技を指定するとよい。（例、前転―前転―Ｖ字バランス、前転―背支持倒立―戻って後転など）少しずつ、技の数や種類を選択させていく。
・兄弟ペアや班の中で見合うようにするとよい。

【ステップ２】４人でシンクロ

（動き方のパターン例）

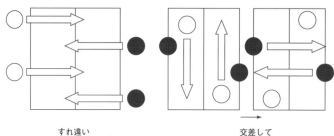

すれ違い　　　　　　　　　　　　　交差して

４人で右回り

４人で集まる

★ここが大切!!　運動の方法
- 動きを合わせて、様々な技に挑戦する。初めは前転や後転等、簡単な技から取り組ませる（初めは教師側から提示するとよい）。また、「順番に前転する」「２人が先に前転し、その後２人が回る」など、ずらしも経験させる。
- 慣れてきたら、側方倒立回転等、技を変えたり、増やしたりしながら、取り組んでいく。
☞側方倒立回転や馬跳び、補助倒立などの技を取り組む時は、友だちとぶつからない距離で試技するように指導する。

【ワンポイントアドバイス】

①はじめとおわり
　演技のはじめとおわりをはっきりさせるとパフォーマンスがかっこよく見える。はじめが見ている人にはっきりわかるように、おわりは決めポーズで終わるということは提示しておくとよい。

②パフォーマンスのキーワード

「時間」	「方向」	「技」
・合わせる。 ・ずらす。 ・順番にする。	・前後左右斜 ・集合・拡散	・技の種類 ・技の高低 ・技をずらす

③バランス系の技を取り入れる
　背支持倒立

Ｖ字バランス

■学習カード

シンクロマットパフォーマンス

年　　　組　　　番　　名前

やってみよう！

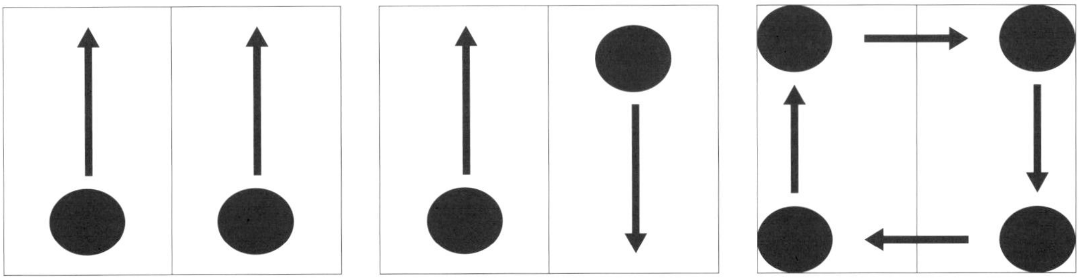

パフォーマンスを作ってみよう！

見どころポイント・工夫した事

評価：〇動きを合わせて演技を構成できる。
　　　◎動きを合わせたり、ずらしたりして、演技を構成できる。

（早川光洋）

器械

全員跳べる！開脚跳び！

教材のよさ　・スモールステップで技能が身につき、できる喜びを味わいやすい。
　　　　　　・感覚づくりは友だち同士で関わり合いながら取り組むことができる。

【ステップ3】大きな開脚跳び

【運動の行い方】
・3〜5m程度の助走で踏み切る（3歩から5歩程度）。目線を下げずに手でしっかり跳び箱をかき、切り返して体を起こす。
・5段を跳べるようになったら、40cm〜60cm程度踏み切り位置を遠ざけて跳ぶ（踏切調節板があれば活用するとよい）。
・大きな動作は、「踏切から着手」「着手から着地」の空間を大きくすることだが、無理をせずに、踏切から着手までを大きくする程度で良い。
・馬跳び、開脚跳びが安定してできていることを前提として、ステップ3に挑戦させる。

【ねらい・単元計画】1回20分程度
〇短い助走から5・6段の跳び箱を、踏み切り位置を遠ざけて開脚で跳ぶことができる。

1〜3	4〜6
【感覚と技能のベースづくり】（開脚跳びの学習が始まる前に取り組んでおくとよい）　馬跳び・かえる倒立　【ステップ1】ふみ切りを遠ざけた馬跳び	
【ステップ2】開脚跳び	【ステップ3】大きな開脚跳び

【感覚・技能のベースづくり】馬跳び

①反復馬跳び　　　　　　　　　　②連続馬跳び

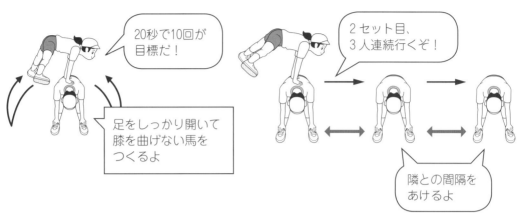

【運動の行い方】
- 反復馬跳びは、馬をとんだらすぐに向きをかえ、馬を跳ぶことを繰り返す。20〜30秒で何回跳ぶことができるか、目標（例20秒で10回）を設定して取り組ませる。
- 連続馬跳びは、グループ（4人1組など）を組み、連続している馬を跳び越す。1人2〜3セット（4人1組の場合は3回×2〜3セットで計6〜9回）程度取り組む。

★ここが大切!!　運動の行い方
☞ 馬の作り方(足をしっかり開く・膝を曲げない。頭を中に入れる)を指導する。身長が同程度の馬がよい。
☞ 連続馬跳びは、安全上、馬と馬の間隔をきちんととることが大切である。片手を伸ばしても隣の馬とぶつからない程度の位置に次の馬を作るようにする。

【ステップ1】マット馬跳び・連結馬跳び

①マット馬跳び　　　　　　　　　　②連結馬跳び

【運動の行い方】
- マット馬跳びでは助走は1歩までとし、馬を手で強くかいて、マット（横・90cmか120cm）を跳び越える。
- 連結馬跳びは、馬になる2人が向きを変えて体を寄せ合う。跳ぶ子は奥の馬の背中に手を着いて、2つの馬を跳び越える。最初は膝をついた馬から行わせる。

★ここが大切!!　運動の行い方
- マット馬跳びは1歩。連結馬跳びは、1〜3助走で行わせる。
☞ 他の馬跳び以上に安全な馬になるよう、頭をひっこめたり、膝と肘を伸ばしたりして全身に力を入れて動かないよう声かけをする。跳ぶ子に「いくよ」と声をかけさせる。

器械

【ステップ２】開脚跳び

【運動の行い方】
・３〜５m程度の助走から跳び箱の先に両手を着き、足を開いて跳ぶ。
・跳び箱は上限５段とする。

★ここが大切!!　運動の行い方
・助走が５m以上にならないように、跳び箱の設置する位置を体育館の壁から５m以内の場所に置くようにする。

【ワンポイントアドバイス】

①感覚づくりは跳び箱の授業が始まる前に
・組み合わせ単元の年間指導計画の例

１学期	２学期	３学期
馬跳び かかえ込み跳び →ウサギ跳び	馬跳び	体つくり運動
ボール運動	陸上運動	跳び箱運動

・跳び箱の感覚づくりとなる馬跳びは校庭でも実施することが可能である。
体育館での跳び箱の授業が始まる前に馬跳びを経験させておくとよい。
なお、跳び箱運動が１学期に計画されている場合は前学年との関わりについても配慮が必要となる。

② 身長に合わせて跳び箱の高さを用意する

☞ 「高い跳び箱を跳べる」＝「上手に跳び箱を跳べる」ではない。小学６年生においても５段程度の高さを開脚跳びできれば十分であることを理解させるとよい。
☞ 身長の高い子にとっては低すぎる跳び箱の高さは危険を伴うこともある。（身長の高い子にとって４段は低いことがある。）自分が跳びやすい跳び箱の高さを選ばせることが大切である。高い跳び箱を跳んでいて低い跳び箱にいくのも危険である。

■学習カード

開きゃくとび

年　　組　　番　　名前

できたことに　○を　しましょう		
①30秒反復馬跳び 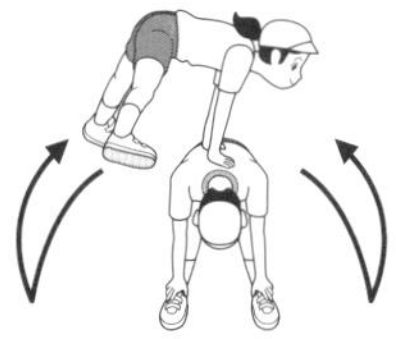	②マット馬跳び	
10回 15回 20回 それ以上		マットのまん中にある馬をとべた マットのおくにある馬をとべた マットの手前にある馬をとべた

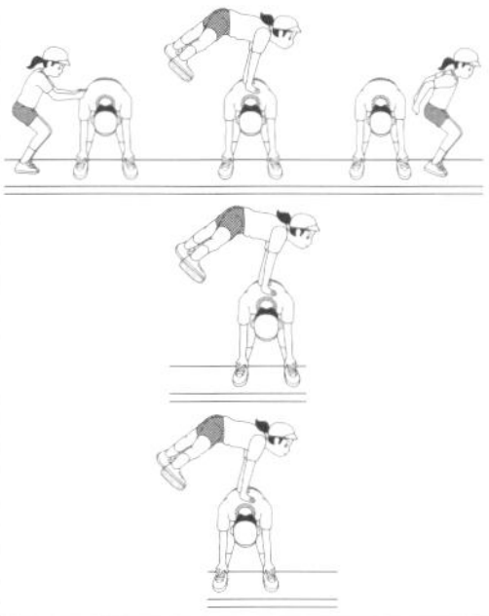

③開脚跳び

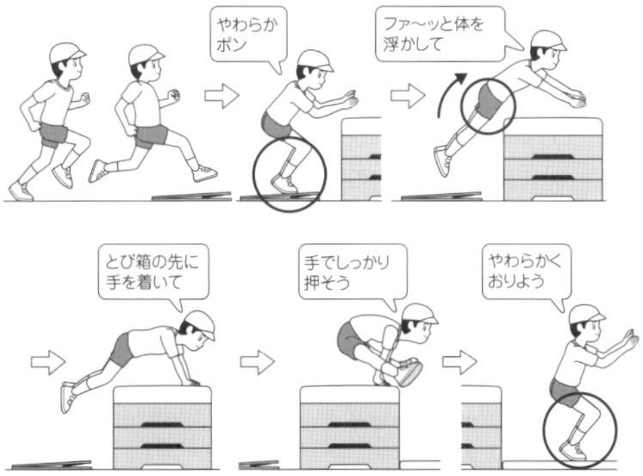

やわらかポン　　ファ〜ッと体を浮かして

とび箱の先に手を着いて　　手でしっかり押そう　　やわらかくおりよう

3段をとべた

4段をとべた

5段をとべた

④大きな開脚跳び

ふみ切り調節板
（　　　　　）をとべた

ふみ切り調節板
（　　　　　）をとべた

ふみ切り調節板
（　　　　　）をとべた

跳び箱の学習が終わったらコツを書きましょう。

評価：○開脚跳びができる。　◎大きな開脚跳びができる。

（石坂晋之介）

器械

「トン・ギュ・フワッ」と跳ぼう！かかえ込み跳び

教材のよさ　・スモールステップで取り組むことで技能が身に付き、達成感を味わうことができる。

【ステップ３】かかえ込み跳び（跳び箱は横置き）

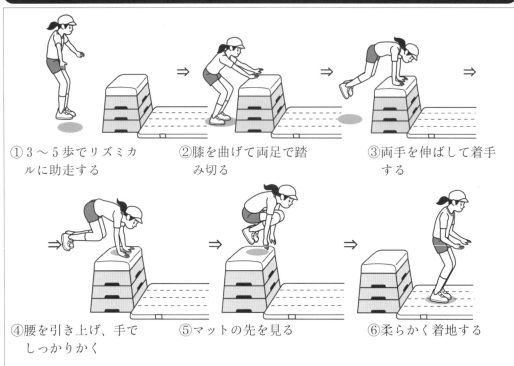

①３〜５歩でリズミカルに助走する　②膝を曲げて両足で踏み切る　③両手を伸ばして着手する

④腰を引き上げ、手でしっかりかく　⑤マットの先を見る　⑥柔らかく着地する

【運動の行い方】
・助走は、勢いをつけすぎないよう、３ｍ〜５ｍ程度とする（３〜５歩程度）。
・両足の力強い踏切や手で跳び箱をしっかりかくことが大切である。
・「踏切ー着手・手のかきー体が浮いて着地」を「トン・ギュ・フワッ」のリズムでつかませる。跳び箱の高さは、３段〜５段にする。始めは低めの高さで行う。
・慣れてきたら踏切位置を少し下げたり、着地位置を伸ばしたりするなど、大きな動作で取り組ませる。

【ねらい・単元計画】　１回25分程度
○かかえ込み跳びができる。（跳び箱横置き３〜５段）

1	2	3〜4	5〜6
【感覚・技能のベースづくり】			
①うさぎ跳び ②うさぎ跳び （マット越え）	②うさぎ跳び（マット超え）		【ステップ２】 かかえ込み跳び （跳び箱は横置き）
	【ステップ１】 着手しての跳び上がり・跳び下り		
		【ステップ２】 かかえ込み跳び（着地位置にマットを重ねる）	【発展】かかえ込み跳び （跳び箱は縦置き）

【感覚・技能のベースづくり】

① うさぎ跳び

・腕を大きく振り出す　・腰を上げて遠くへ着手　・頭もしっかり起こし、手をつき出して着地

★ここが大切!!　運動の方法
- 「手・足・手・足」のリズムで行う。
- 慣れてきたら、腰を高く上げ1回に進む距離を伸ばしていく。バレーボールラインの横9mの距離を9回以下のうさぎ跳びで進むことを目標にする。
- 斜め前方を見て、目線を下げすぎないよう指導する。また、手のかきを意識させ、着手位置よりも、遠くに着地できるように指導する。

②うさぎ跳び（マット越え）

★ここが大切!!　運動の方法
- 180cm×90cm マットの横幅（90cm）を利用し、次のような得点化するとよい。
  1点→着地した足が、マット中央のラインに届いていない。
  2点→着地した足が、ラインを踏んでいる。
  3点→ラインを跳び越えている。
  4点→マットを跳び越えている
- マットうさぎ跳びで、一定時間（20秒程度）に往復何回跳べるか挑戦させてもよい。

【ステップ1】　着手しての跳び上がり・跳び下り

★ここが大切!!　運動の方法
- 縦置き4段の跳び箱に、1～3歩助走で跳び箱手前に着手し、うさぎ跳びで跳び乗り、跳び下りる。
- 次のように得点化するとよい。
  1点→着地した時、片足の足裏を跳び箱の上に付けている
  2点→両足の足裏で跳び箱の上に着地する
  3点→着手した位置より足が前にある
  4点→跳び箱中央より前に足がある。（跳び箱中央にラインを引いてもよい）

器械　69

【ステップ2】 かかえ込み跳び（着地位置にマットを5枚重ねる）

★ここが大切!!　運動の方法
- 跳び箱の高さは、3段〜5段にする。始めは低めの高さで行う。
- 3段であれば助走は1歩。4、5段でも3歩で十分である。
- 着地位置のマットは1枚ずつ減らしていく。
- マットが少ない場合は、下にセーフティマットを敷くとよい。

【発展】かかえ込み跳び（跳び箱は縦置き）

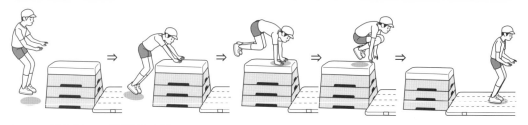

★ここが大切!!　運動の方法
- 跳び箱の高さは、4段〜5段にする。始めは低めの高さで行う。
- 助走は5〜7歩。踏切版（ロイター板）を利用する。
- 着手位置は開脚跳び同様、跳び箱奥に着くことと強くかくことを指導する。
- ☞ ロイター板を初めて使用するときは、踏切の感覚を理解できるよう、跳び箱手前に着手し跳び上がらせる。

【ワンポイントアドバイス】

①片手が離れてしまうつまずき　　　　②着手したまま足を抜いてしまうつまずき

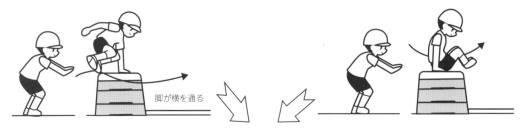

脚が横を通る

- 跳び箱に着手したまま足を抜くのではない。着手した手を跳び箱から離した後、膝をかかえ込みながら着地する。
- 「手・足・手・足」のリズムでうさぎ跳びの練習をする。できることを確認したら、高いところへのうさぎ跳びなど、違う場でも確認する。その後、跳び箱の場に戻って確認してみるとよい。

腕と腿を持って教師が補助する

■学習カード

かかえ込み跳び

年　　　組　　　番　　名前

技	できた ○	3回連続 できた◎
うさぎ跳び 		
うさぎ跳び（マット越え） 		
【ステップ1】着手しての跳び上がり・跳び下り 		
【ステップ2】かかえ込み跳び（着地位置にマットを重ねる） 		
【ステップ3】かかえ込み跳び（跳び箱は横置き） 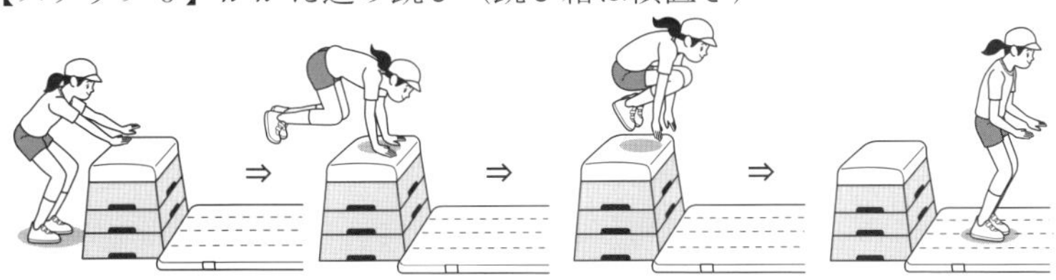		
【発展】かかえ込み跳び（跳び箱は縦置き） 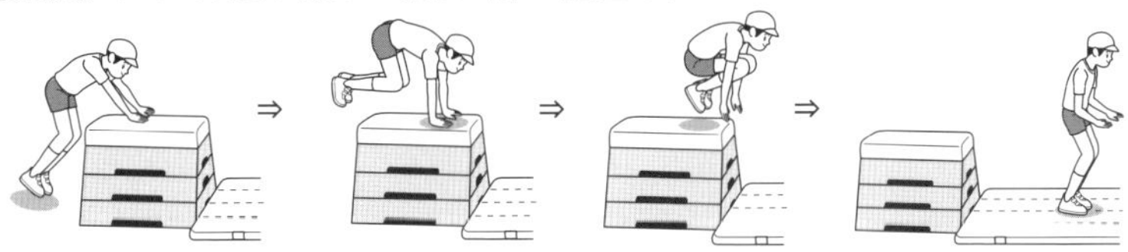		

(森　靖幸)

評価：○かかえ込み跳び（跳び箱は横置き）ができる。
　　　◎かかえ込み跳び（跳び箱は縦置き）ができる。

器械　71

器械

友だちと協力して成功させよう！頭はね跳び

教材のよさ　・友だち関わり、段階を踏みながら技を達成させることができる。

【ステップ3】頭はね跳び

【運動の行い方】
・両足を揃えて踏み切り、跳び箱上に両手と頭を着き、手やお尻を着かずに着地する。補助ありでも合格としてよい。
・上記ができるようになったら、「手で跳び箱を押している（＝はねている）」「脚を閉じ、真っ直ぐに揃えて伸ばしている」「着地で2秒静止している」の3点を達成目標とする。
※跳び箱の高さは、4段までとする。踏切板は使わなくてよい。また、補助者・観察者を跳び箱の両脇に2名、マット抑え1名を付けてから試技を行うことを約束とする。

【ねらい・単元計画】1回25分程度
〇ねらい：友だちの補助を受けながら段階を踏んで必要な動きを身に付け、技を行う。

1・2	3～5	6～8
【感覚と技能のベースづくり】手足走り・カエルの足打ち・手押し車など		
【ステップ1】頭倒立・頭倒立からのブリッジ	【ステップ2】いろいろな場ではねてみよう	【ステップ3】頭はね跳び

【感覚・技能のベースづくり】頭倒立・頭倒立からのブリッジ

〈頭倒立〉

〈頭倒立からのブリッジ〉

★ここが大切!! 運動の方法
・頭倒立では、背中を伸ばす感覚をつかませる。
・頭倒立からのブリッジでは、ゆっくり体を反り返らせながら、頭と手、足で体を支えることができるようにする。

【ステップ１】低い高さでブリッジからの起き上がり

〈跳び箱１→２段での頭倒立からのブリッジ〉

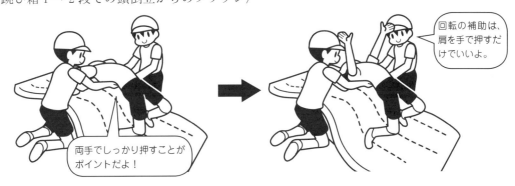

★ここが大切!! 運動の方法
・最初はブリッジをキープし、補助者に背中（肩甲骨の辺りと腰）を支えてもらいながら体を起す。できるようになったら、立ち動作までを連続で行う。
・跳び箱にマットをかぶせることで、恐怖感を軽減でき、試技がしやすくなる。固いマットの場合は、マットを２、３、４と増やしながら重ねて行うと良い。

器械

【ステップ２】いろいろな補助の場ではねてみよう

〈４段の跳び箱を連結する〉　→　〈手前の跳び箱を１段ずつ低くする〉

着地位置にエバーマットを敷く

★ここが大切!!　運動の方法
・単元の中盤からは、上記の場を設定し、児童が自分の課題に合わせて選択できるようにするとよい。

【ワンポイントアドバイス】

①跳び箱の置き方と着手の目印

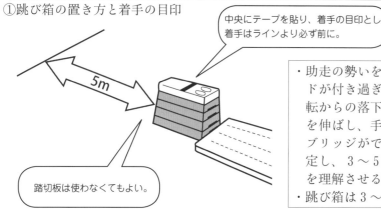

・助走の勢いをつけすぎると、スピードが付き過ぎ、背中が丸まって、前転からの落下になってしまう。背中を伸ばし、手でしっかり押しながらブリッジができるよう助走距離を限定し、３～５歩の助走で十分なことを理解させる。
・跳び箱は３～４段で十分である。

②跳び箱以外のものを活用して

はね跳びの動きは、跳び箱以外のものでも行うことができる。ステップ１・２の場で活用するとよい。

〈マットを重ねて〉　　　　　　　　　〈ひな壇などの上にマットを引いて〉

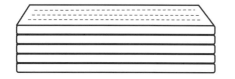
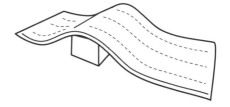

■学習カード

頭はね跳び

年　　　組　　　番　　名前

自己評価：1 補助があればできる　2自分の力でできる　3安定した動きでできる

技の名前	自己評価	技ができるために考えたこと
マットでの 頭倒立からのブリッジ	1・2・3	
低い跳び箱での 頭倒立からのブリッジ	1・2・3	
いろいろな場での 頭はね跳び	1・2・3	
跳び箱4段での 頭はね跳び	1・2・3	

〈頭はね跳びのポイントを書き込もう〉　　　　　　　　　　補助の仕方

評価：○補助ありで技ができる。　◎一人で技ができる。

（佐藤哲也）

器械　75

陸上

走って素早くバトンパス！トラックリレー

教材のよさ　・1周なので、抜きつ抜かれつする姿がよく見え、競走・継走の楽しさを味わえる。

【ステップ3】トラックリレー（1周）

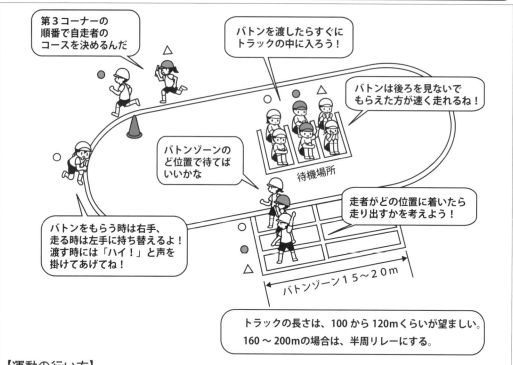

【運動の行い方】
- 50m走やトラック1周走の記録を基に、走力が均等になるよう、男女混合、1チーム5～8人程度チームを作る(例50m走の合計)。
- 全体が4チームを超える場合は、バトンゾーンで混乱が生じないよう、全体を半分に分けて兄弟チームを作り、1回の競争は2～3チームで行う。
- 人数に過不足がある場合は、一番多いチームに合わせる。少ないチームは、2回走る児童を選ぶ(短時間に2回走るため、100mトラックであれば、多いチームの全員の合計タイムより、1.5秒か2秒程度速い子)。兄弟チームから走者を借りてもよい。
- 着順だけを競うのではなく、タイム測定をしてチームやクラスの伸びを評価するとよい。

【ねらい・単元計画】　1回25分程度
〇ねらい：バトンを落とさずに走りながらもらったり、渡したりできる。

1～3	4～6
【感覚と技能のベースづくり】バトンパス練習	
【ステップ1】　パスゲーム	【ステップ2】　パスリレー
【ステップ3】　トラックリレー	

【感覚と技能のベースづくり】バトンパス練習

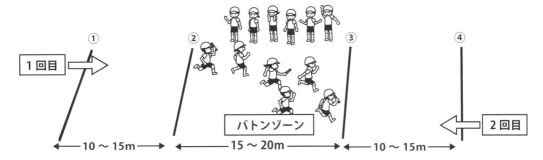

★ここが大切!!　運動の方法
・トラックを利用し、全チームが一斉に走れるようバトンゾーンとスタートラインを引く。
・1回目は、第1走者が①のスタートライン、第2走者は②のバトンゾーン入口に立ち、合図で走り出しパスを行う。他の子は、バトンゾーン中央辺りで受け渡しの様子を観察、コメントする。
・2回目は、第2走者が1回目と反対の④のスタートライン、第3走者が③のバトンゾーン入口に立ち、合図で走り出しパスを行う(1回目と走る方向が逆になる)。以下、人数に応じて順番を変えながら繰り返す。

【ステップ1】パスゲーム

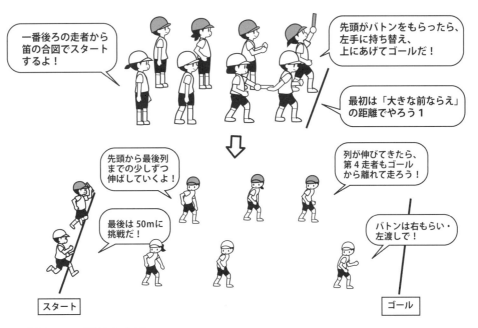

★ここが大切!!　運動の方法
・少しずつ距離を伸ばしていく中で、「手を伸ばして渡す」「『ハイ！』と声を出す」「走りながら受け渡しをする」「走り出しの位置を変える」などの工夫が生まれてくる。
・1番速かったチームをモデルとして紹介し、どういうやり方をすれば速く渡せるのかを考えさせる。
・距離が延びてきたら、チームの作戦により、第1走者以外は、どの位置からスタートしてもよいこととする。また、順番は都度変えてもよい。

【ステップ2】パスリレー（チーム内2人組）

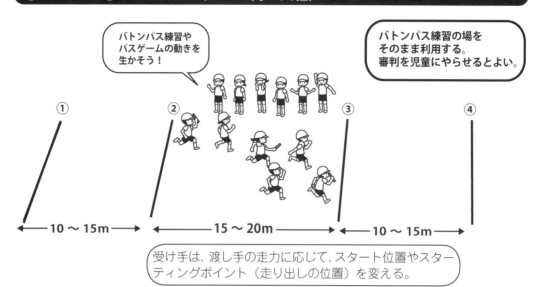

★ここが大切!! 運動の方法
・チーム内で2人1組を作り、他チームとの対抗戦にする。ペアは、毎回変えてもよい。
・渡し手は、①の位置からスタートする。受け手は、バトンゾーン（②〜③の間）に立ち、この中でバトンをもらう。
※スピードに乗ったバトン渡しをするためには、加速局面でもらうようにする必要がある。そのためには、ある程度、渡し手を引き付けることがポイントとなる。

【ワンポイントアドバイス】

①受け手は前を向きながらもらう

②順番を工夫させる

・速い―遅い―速いのサンドイッチ方式、速い―速い―遅いの逃げ切り方式等々、チームに合った工夫を。

④バトンゾーンの動き＝安全なパス

・渡す子ともらう子のスピードに応じた、走り出しのタイミングが重要になる。低い姿勢で待ち、渡す子の足下を見てタイミングを図ったスタートを意識させる。
・渡し手は、バトンを押し出すように渡す。受け手のひらを後ろに向けてもらう。
・渡す直前に、渡し手が「ハイ！」の声を掛ける。それまでは、共に手を伸ばさずに腕を振って走る。
・最初は立ち止まったまま、次にゆっくり走りながら、上記の動きを行うとよい。

③バトンゾーンの有効な使い方の工夫

・走力に応じたゾーンで待つ位置を工夫させる。

・2走目以降は、第3コーナーの順番で、先頭からインコースに並ぶ。
・バトンを渡し終わったら、後続の走者とぶつからないように、速やかにトラックの中に入る。

■学習カード

トラックリレー

年　　　組　　　番　　名前

〈チーム名&メンバー〉

チーム名	1	2
3	4	5

日付	トラックリレータイム&順位	振り返り
／		
／		
／		
／		
／		
／		

走りながらバトンを渡す&もらうために考えたこと

評価：〇走りながら落とさずにバトンパスをする。◎走りながら前を見てバトンパスをする。

（佐藤哲也）

陸上　79

陸上

リズミカルにまたぎ越そう！40mハードル走

教材のよさ　・ハードルをリズミカルに走り越すことを楽しむことができる。
　　　　　　・友達との競走や記録の伸びを楽しむことができる。

【ステップ3】得点で競争をしよう

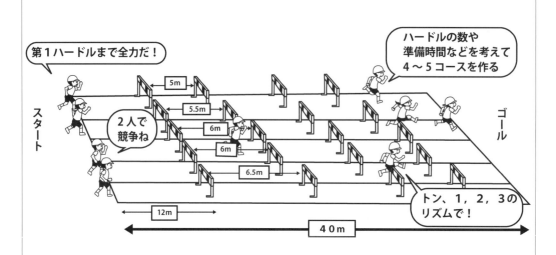

【運動の行い方】
- 1つのコースにハードルを4台置く。ハードルの高さは45〜50cm程度。
- 3〜4種類のインターバルを作る。
  （インターバル：5m、5.5m、6m、6.5m等）
  ※児童の実態に合わせて変えていく。走能力が高ければ7mも必要となる。
- 50m走のタイムが同じぐらいの子と競争する。
○競争の行い方
  ①個人対抗戦…得点化
  ・スタートの合図は子ども。計時は教師が行う。
  ・走り終えたら得点表を基に得点を割り出す。得点の多い方が勝ち。
  ※得点については学習カード参照
  ②班対抗戦
  ・個人の得点を班で合計して競う。競争の前提として、班全員の50m走の記録が同じくらいになるように分けておく。

【ねらい・単元計画】1回25分程度×7
○常に同じ足で踏み切り、走り切ることができる。（3歩のリズム）

1〜2	3〜5	6〜7
【感覚と技能のベースづくり】（12m程度ダッシュ・大股走）	【ステップ2】速く跳び越すポイントをみつけよう	【ステップ2】個人同士や班の合計点で競争しよう
【ステップ1】3歩のリズムで走れるインターバルをみつけよう		

【感覚と技能のベースづくり】12mダッシュ・大股走

○ダッシュ
・12m程度をまっすぐ全力で走る。
・ゴールの線の手前にケンステップを置いて踏み切り足をみつけさせる。
・基礎感覚づくりとして1人2〜3本程度走る。
・低い姿勢でスタートする。

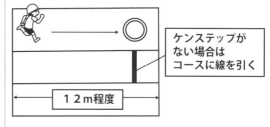

○置かれたハードルの横を3歩のリズムで走る
・走れそうなところを探す。
・コースに置かれたハードルの横を走ることでおおよそのインターバルがみつかる。

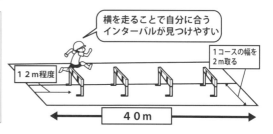

【ステップ1】インターバル走（3歩のリズム）

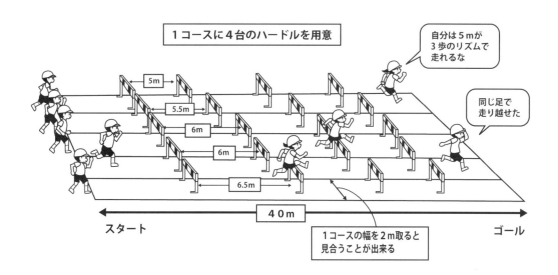

★ここが大切!!　運動の方法
・全力で全コースを走り、自分に合うインターバル(3歩のリズム)を見つける。また、走り越しやすい足をみつける。
・第1ハードルはスタートから10〜12mの位置に置く。
・リズミカル(3歩)に走れている子を見つけ全体に紹介する。
・ハードルの数や準備時間などを考えて4〜5コース作る。
・ハードル走は、高さによって大きく左右される。60cmでは多くの子がリズミカルに走ることは難しく転倒の危険もある。高さの目安は45〜50cm程度でよい。
・ハードルカバーや柔らかな素材のハードルを使用すると、当った痛みが低減できる。
・コースの間を広く設定することでハードリングを互いに見合うことができる。
☞ ハードルが倒れたら、走り終えて戻る子にすぐに直すよう説明しておく。

【ステップ２】速く走り越そう

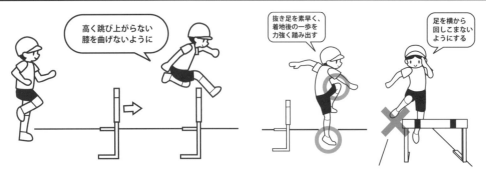

★ここが大切!! 運動の方法
・「遠くで踏み切り、近くで着地する」ように、ハードルを走り越す。
・班やペアでハードルの横（少し距離をとり）に立ち、見合う。
　※ここでは腰の位置、又は頭の位置を見るように指導する。腰や頭の位置が変わらない児童を見つけ、全体に紹介する（＝高く跳び上がっていない）。
・ペアでお互いの踏み切り位置、着地位置を帽子や紅白玉などで確かめさせる。
　※ハードルを「遠くで踏み切り、近くで着地する」ように走り越しているかを確認できる。

【ワンポイントアドバイス】

①第一ハードルまで全力で走る。

・低い姿勢でスタートする。スピードがないと２、３台目までにスピードが低下し、３歩のリズムで走れなくなってしまう。

②３歩のリズムで走り越す。

・「０・１・２・３」のリズムを意識させる。
※「１・２・３・トン（着地）」など児童から出てきた言葉で口伴奏を作ってもよい。
・着地後の一歩を強く踏み出す。

③ハードルの単元に入る前に場を作り、インターバルに印を打つなど児童が準備しやすいようにしておく

・杭や釘にスズランテープを付けて目立つようにする。
・安全確認のため、杭や釘を打ったことを職員全体に知らせておく。インターバルごとにテープの色を変えておくと分かりやすい。
・大変であれば、スタート、12m（第１ハードル）、ゴールだけでもよい。その場合、メジャーやインターバルの印を付けた紐などを準備しておく。20mのメジャーであれば、第一ハードルを０にしてメジャーを置き、コースごとにハードルを並べられる。

■学習カード

40mハードル走

年　　　組　　　番　　名前

振り返り（できたら○をつけよう）

	日付	/	/	/	/	/	/	/
安全に気をつけて運動することができた。								
友だちと協力して運動することができた。								
自分に合うインターバルをみつけることができた。								
3歩のリズムで最後まで走ることができた。								
遠くで踏み切り近くで着地することができた。								

得点	1点	2点	4点	6点	8点	10点	12点	14点	16点	18点	20点	
タイム	1.0	0.8	0.6	0.4	0.2	50mのタイム	−0.2	−0.4	−0.6	−0.8	−1.0	秒
得点												点
タイム	.	.	.	.	.	.	.	.	.	.	.	秒

※10点のところに50m走のタイムを書き、自分の得点を出す。

○記録

日付	/	/	/	/	/	/	/	
インターバル	.	.	.	.	.	.	.	m
タイム	.	.	.	.	.	.	.	秒
自分の得点								点
班の得点								点

ハードルを速くまたぎ越すためのコツを書こう

評価：○3歩のリズムで走りきることができる。
　　　◎遠くで踏み切り、近くで着地して、速くハードルを走り越すことができる。

（長野翔太郎）

陸上

ドンと踏み切り、遠くまで跳ぼう！
走り幅跳び

教材のよさ　・自己の走能力に応じて記録を伸ばす楽しさを味わうことができる。

【ステップ２】最高記録にチャレンジ

助走距離は10〜20m程度　　スピードがのった助走　　踵からの強い踏切
走力に応じて

踏み切った反対脚の　　　「く」の字から「ん」の字へ　　柔らかく着地
膝を高く引き上げる　　　手を下に、脚を伸ばして
上体を少し起こして

【運動の行い方】
・４〜８人１組×４コース程度（幅２m程度）。砂場をできるだけ横に使う。
・１グループの中で、ペアやトリオを組み、観察したり、記録を計ったりさせる。
・記録は踏み切ったつま先から着地した踵までの実測でよい（実態によっては計測も可）。
・走力に応じた目標（学習カード参照）を持たせ、取り組む意欲の向上を図る。
☞砂場の後ろにコーン等を置き、必ず砂場の後ろを回って戻るよう指導する。

【ねらい・単元計画】１回20分程度
○走力に応じて自己の記録を伸ばすことができる。

１〜２	３〜６	７〜８
【感覚と技能のベースづくり】グリコじゃんけん・川とび		【ステップ３】チーム対抗戦
【ステップ１】川とび・記録測定	【ステップ２】最高記録にチャレンジ	

【感覚・技能のベースづくり】

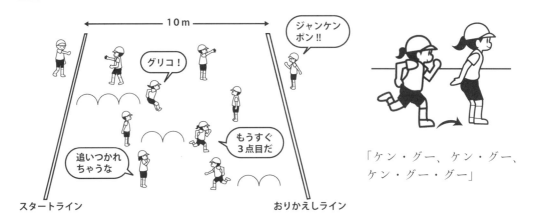

「ケン・グー、ケン・グー、ケン・グー・グー」

■グリコじゃんけん
・2チーム対抗戦。相手チームの子と2人組になり、じゃんけんをする。
・勝ったら決められた歩数進める。(グー＝グリコ3歩、チョキ＝チョコレイト＝6歩、パー＝パイナップル＝6歩) 最後の1歩は両足着地で行わせる。
・一定距離(10m程度)を往復させる。一定時間(1分30秒程度)に勝った人数の多いチームの勝ち。
・じゃんけんグリコの前に、「ケン・グー(右上図)」を扱ってもよい。

【ステップ1】川跳び

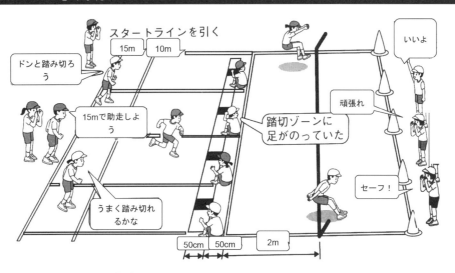

★ここが大切‼ 運動の方法
・幅2cmの平ゴムをアルミの等賞旗や園芸用ポールなどに巻き付けて砂に刺して川をつくる。川幅は全員合格できる2m程度でよい。
・1グループ(4～8人)。最初は全員で跳び(2分程度)、ペアで跳べたかどうか挑戦する子と判定する子に分かれて行う(2分交替)。時間があれば、もう2分ずつ行う。
・踏切は、足がベースにかかっていればよく、着地はゴムを超えればOKとする。
☞ **砂場の後ろのコーンを回り、助走位置に戻ることを約束する。また、交代など終わりの合図を教師がした後は、絶対に跳ばないことも約束する。**

陸上 85

【ステップ3】チーム対抗戦　発展

■例1　合計記録で勝負！
→その日の各自の最高記録をチームで合計

○○チーム		▼▼チーム	
名　前	記　録	名　前	記　録
A君	352cm	F君	402cm
B君	296cm	G君	301cm
C君	384cm	Hさん	361cm
Dさん	308cm	Iさん	288cm
Eさん	294cm	＊	271cm
合計	1634cm		1623cm

■例2　得点合計で勝負！
→その日の各自の目標記録に対する得点を
　チームで合計

■■チーム		△△チーム	
名　前	得　点	名　前	得　点
A君	8点	F君	9点
B君	9点	G君	10点
C君	11点	Hさん	11点
Dさん	12点	Iさん	9点
Eさん	7点	＊	8点
合計	47点		47点

やった！○○チームの勝ちだ！

- 「＊」は、それまでの○○チームと▼▼チームの記録差。人数が同数の場合は必要ない（得点競争は得点差→学習カード参照）。
- チームは、ステップ2までの各自の記録の最高記録を基に（得点競争は）、男女混合チームをつくり、提示する。
- 測定はチームで2つに分かれてもよいし、相手チームと互いに計ってもよい。測定時間は4分×2（前後半）×2（2回チャンス）の16分。時間内は何度跳んでも良い。
- 2チーム対抗戦でもよいし、全チーム対抗戦でもよい。チームにすることでお互いの教え合いが促進される。
- 個人の記録がどれだけ伸びたかを競うこともできる。

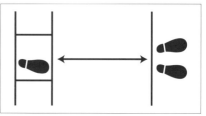

・記録は**つま先**から**着地した踵**までね。足が動くので砂が凹んだところまでね。

★ここが大切!!　運動の行い方

①助走
- 徐々に加速する。歩数は9、11、15など奇数歩だが、短時間で感覚は掴めない。自分に合う距離を探させる。走能力の高い子は長くなる（50m 7秒台なら20m程度）。上手くいかない子には3歩、5歩など短い助走で取り組ませる。

②踏切・踏み切り脚はできるだけ曲げず、振り上げ脚（踏み切る脚の反対脚）を引き上げる。上体は起こす。
- 「階段を駆け上がるように」などの言葉で、上に跳び上がる意識を持たせる（跳躍角度は17〜24度）。低いと遠くには跳べない。

③空中姿勢〜着地
- 踏み切り脚も前に出し、つぶれた「ん」の字になる。正面から見て足裏が見えればよい。膝を曲げて柔らかく着地する。

突っ立った姿勢
→「手を前に振り降ろし、つぶれよう。」

前につんのめる
→「スピード付けすぎずに。踏み切ったら上体を立てて。」

■学習カード

走り幅跳び

年　　　組　　　番　　名前

○ぼくの、わたしの目標記録は？50m走のタイム　　　　秒
　＊下の表から確かめましょう。

　　　　　　　走り幅跳びの目標　　　　　　cm

＊得点表→**目標は8点！**
　　　（例）9.4秒の人の目標は300cm　323cmならば、10点
　　　　　　　　　　　　　　　　　　258cmならば、3点

◇自分の記録・得点、グループの得点、クラスの得点

日付	自分の記録	得　点	グループの得点	クラスの得点
／	cm	点	点	点
／	cm	点	点	点
／	cm	点	点	点
／	cm	点	点	点
／	cm	点	点	点

◇遠くに跳べる仲間の跳び方を見て気がついたことを書きましょう
　　　　　助走、ふみきり、空中の姿勢、着地　　探してみよう！

	240	250	260	270	280	290	300	310	320	330	340	350	360	370	380	390	400	410	420
10.0-9.9	5	6	7	8	9	10	11												
9.8-9.7	4	5	6	7	8	9	10	11											
9.6-9.5	3	4	5	6	7	8	9	10	11										
9.4-9.3	2	3	4	5	6	7	8	9	10	11									
9.2-9.1	1	2	3	4	5	6	7	8	9	10	11								
9.0-8.9		1	2	3	4	5	6	7	8	9	10	11							
8.8-8.7			1	2	3	4	5	6	7	8	9	10	11						
8.6-8.5				1	2	3	4	5	6	7	8	9	10	11					
8.4-8.3					1	2	3	4	5	6	7	8	9	10	11				
8.2-8.1						1	2	3	4	5	6	7	8	9	10	11			
8.0-7.9							1	2	3	4	5	6	7	8	9	10	11		
7.8-7.7								1	2	3	4	5	6	7	8	9	10	11	
7.6-7.5									1	2	3	4	5	6	7	8	9	10	11

評価：○助走から着地まで、またぎ跳びでリズムよく跳ぶことができる。
　　　◎スピードにのった助走で上体を起こした姿勢から脚を投げ出し、目標を超える
　　　　ことができる。

（木下光正）

陸上

最高記録をめざそう！走り高跳び

教材のよさ ・ノモグラムを使って自分の目標記録を設定し、最高記録に挑戦したり、友だちや班と競い合ったりして取り組むことができる。

【ステップ２】最高記録をめざそう！

【運動の行い方】
・１グループ４人程度にし、跳ぶ児童と棒を持つ児童を交替しながら取り組ませる。
・助走は５～７歩程度となるように、５～７ｍ程度のラインを引いて助走を限定する。
・棒を持つ児童に跳ぶ児童の動きを観察させ、声をかけ合って取り組むようにする。
・一定時間挑戦し、最も高く跳んだ高さをその日の最高記録とする。

【ねらい・単元計画】 １回20分程度
○リズミカルな助走と踏み切りで、ノモグラムで設定した目標記録をとぶことができる。

１・２	３～６	７・８
【感覚と技能のベースづくり】（８の字ゴム跳び）		
【ステップ１】へそまで跳ぼう	【ステップ２】最高記録をめざそう！	【ステップ３】班の対抗戦

【感覚・技能のベースづくり】８の字ゴム跳び

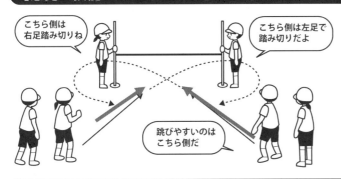

- ゴムの高さは50cm程度
- 長なわとびの８の字とびと同じ移動の仕方でとぶ。
- 10回程度跳んで、自分に合った踏み切り足を見極めたり、踏み切り位置や跳び方を確認したりする。
- 棒を持つ子を交替しながら、全員に経験させる。

【ステップ１】へそまで跳ぼう・自分の目標記録を決めよう

○「へそまで跳ぼう」

【運動の行い方】
①身長が近い４人程度のグループをつくる。
②棒(スタンド)を持つ子は、ゴムの位置をへその高さに合わせる。
③３〜５歩の助走でゴムを跳ぶ。(左図のように、７m程度の線を引くとよい)
④棒を持つ児童は、跳ぶ児童がゴムに触れているかどうかを観察する。

○「自分の目標記録を決めよう」
・ノモグラムによる目標記録の算出のしかた

目標記録 ＝ （身長(cm)÷２）－（50m走(秒)×10）＋115
　　　　　　※学級の実態に合わせて105〜110でもよい

・末尾の数字「115」を105から110にすると目標を達成する児童が増える。

★ここが大切！運動の行い方
- 助走のめやすになるライン（30度・45度）を引き、自分に合う角度でとばせる（右上図）。５〜７歩助走ならば、長さを５〜７m程度にする。
- ゴム（バー）から片手を伸ばした距離（60〜80cm程度）にベースやリングなどの印を置き、ふみきり位置のめやすにする。（右下図）
- 棒を持つ子に、踏み切り位置や着地位置、足の動きや高さを観察させ、伝え合って運動に取り組めるようにする。
- リズムをつかませるため「１、２、３・１、２」「１、２、３、４・１、２、３」等、互いに声をかけてもよい。
- モデルで運動観察と発問で動きを引き出す。

☞ ゴムを張り過ぎると危険なので、たるまない程度に棒を持つ２人の距離をとる。持っているゴムを巻いたポールは絶対離さないよう指導する。

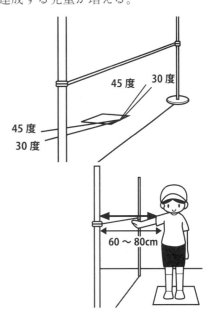

陸上 89

【ステップ３（発展）】班の対抗戦（２グループ対抗の例）

・その１　合計"記録"で勝負！
→ 一人ひとりの最高値を合計し、班の合計記録で勝敗を決める。

1班		2班	
名前	記録	名前	記録
Aさん	95cm	Eさん	105cm
Bさん	105cm	Fさん	100cm
Cさん	90cm	Gさん	85cm
Dさん	100cm	Hさん	95cm
班合計	390cm	班合計	385cm

合計記録で１班の勝ち！

・その２　合計"得点"で勝負！
→ ノモグラムにより算出した一人一人最高得点の合計で勝敗を決める。

1班		2班	
名前	記録	名前	記録
Aさん	7点	Eさん	8点
Bさん	10点	Fさん	9点
Cさん	9点	Gさん	12点
Dさん	12点	Hさん	13点
班合計	38点	班合計	40点

合計記録で２班の勝ち！

※班を身長順に組んだ場合、体格が近い班同士は合計「記録」で勝負し、体格差がある班では合計「得点」で勝負するとよい。

※全員の最高得点を足して毎時の合計の伸びを確認し、集団的達成感を味わわせる。

【ワンポイントアドバイス】

①ふみきり位置と着地位置を確かめさせる

・跳ぶ児童の踏み切り位置と着地位置を観察させ、それぞれの位置に帽子（または紅白玉等）を置く。
・遠くから踏み切って遠くに着地する「幅跳び」になっていないか、踏み切り位置がゴムに近過ぎないか等を観察させる。

②用具を工夫して十分な運動量を確保する。

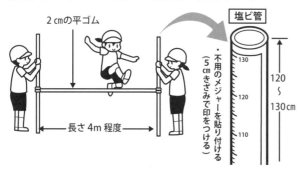

・市販のアルミポール(内田洋行)や２～３cm塩ビ管の支柱に２cmの平ゴムを結んだ簡易バーを使うと簡単に準備と片付けができる。
・バーには不用になったメジャーを透明テープで貼ったり、５センチ刻みで印をつけたりする。

■学習カード

走り高跳び

年　　　組　　　番　　名前

◇自分の目標値を決めよう！

身長(cm) ÷2 － 50m走(秒)×10 ＋ 115 ＝ 目標記録
※学級の実態に合わせて105〜110でもよい

□ cm ÷2 － □ . □ 秒 ×10 ＋ 115 ＝ □ cm

◇自分の得点表《自分の目標記録は□cm》

－10cm	－8cm	－6cm	－4cm	－2cm	目標記録	＋2cm	＋4cm	＋6cm	＋8cm	＋10cm
5点	6点	7点	8点	9点	10点	11点	12点	13点	14点	15点

・ゴムに触ったらアウト、着地失敗（ずっこけ）もアウトです。
・3回のうちの最高点を、その時間の得点とします。
・個人の新記録や班の合計得点、両方を伸ばす高さを選びましょう。

◇記録表

	/	/	/	/	/	/
自分の記録	cm	cm	cm	cm	cm	cm
自分の得点	点	点	点	点	点	点
班の合計得点(記録)						
クラスの得点	点	点	点	点	点	点

・走り高跳びの運動のポイントや自分が見つけたコツを書きましょう。

評価
○助走や踏み切り、着地に気をつけて走り高跳びを跳ぶことができる。
◎助走や踏み切り、着地に気をつけて自分の目標値を安定して跳ぶことができる。

（松本大光）

水泳

ゆったり進もう！クロール

教材のよさ　・スモールステップにより無理なく泳ぎ方を身につけることができる。
　　　　　　・ペアで教え合いや補助をし合って仲よく学習できる。

【ステップ3】クロール

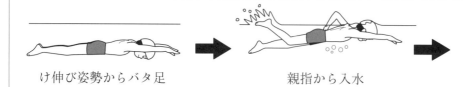

け伸び姿勢からバタ足　　　　　親指から入水

お腹の前を手が通るように　　　「パァ」と息つぎ　　　　最後まで水をかく

ゆっくり大きく腕を回す　　　　できるだけ少ないかきの回数でいけるといいね！

【運動の行い方】
・プールの横を使い、列ごとに効率的に練習を行う。
・①バタ足を止めないこと、②ゆっくりと大きく腕を最後までかききること、③呼吸の時に耳と肩を離さないことについて意識をさせる。
・続けて長く泳ぐためには、できるだけ腕のかきの回数を少なくさせる。

【ねらい・単元計画】1回30分程度
○けのびの姿勢をバランスよく保ちながら、クロールを泳ぐことができる。

1～10		
【感覚と技能のベースづくり】（けのび、バタ足）		
【ステップ1】腕のかき・呼吸		
【ステップ1】手のせクロール	【ステップ2】ビート板クロール	【ステップ3】クロール
かえる足等		

92　水泳

基礎感覚・技能のベース作り

①けのび

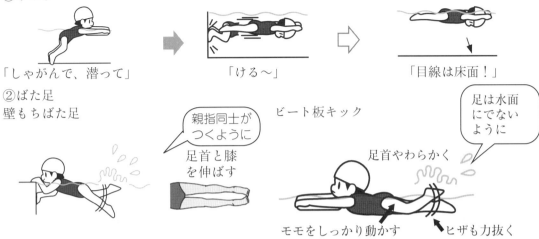

②ばた足
壁もちばた足

【ステップ1】手のせクロール

★ここが大切!! 運動の行い方
・泳ぐ人はお手伝いの子の手の上に手のひらを乗せて、クロールを行う。お手伝いの子は、ゆっくり後ろに手を引きながら下がる。息つぎの時に、肩と耳がついているかを見て、離れている場合はアドバイスをする。

【ステップ2】ビート板クロール

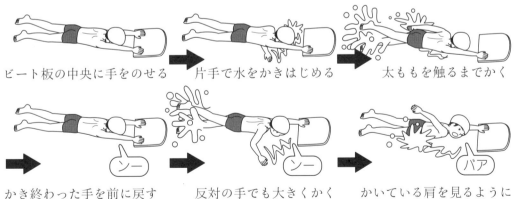

★ここが大切!! 運動の行い方
・ビート板中央に左右交互に手を乗せながらクロールを行う。
・左右どちらが呼吸しやすいかを確認させ、合う側で行わせる。
・手でかいた時の推進力を利用して、1回おき、または3回かいてから呼吸をする。

【ワンポイントアドバイス】

○苦手な児童に対しての手立て

①陸上で腕のかきの確認

・手のひらでSの字を描くように大きく動かす。

②水中で腕のかきの確認

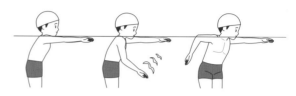

・顔に水がつかない程度にプールに入り、腕のかきを確認する。

③陸上、水中で呼吸の確認

・「ンー」と鼻から息を出し、「パッ」で息を吸う。へこんだお腹が膨らむことを確かめる。

・水に顔をつけて、歩きながら練習をし、呼吸のタイミングを身につける。肩に耳をつけるように。

④息継ぎはローリングの時に

ローリングは手で水をかく際に、肩の動きに合わせて体が左右に傾く動き。息継ぎ、腕の動作がスムーズになる。ももを触わるまでかききったら、手を前に戻す。その時に顔を上げる。

○クロールを泳ぐことができる児童に対しての手立て

①やや進んだクロール

| 腕を前に伸ばす。反対の手も最後までしっかり水をかききる。 | 体の中心線の下を手が動くように水をかく。 | 手が腿にふれるまでかききる。 | 顔を横に上げ、息継ぎをする。 |

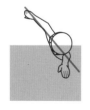

・ローリングしながら息継ぎ。
肩、肘を上げる

・入水するときの手は斜めに。親指から入れる。手のひらから入れ「バシャン」とならないようにする。

★ここが大切!! 運動の行い方

○水中での動きは、自分でもわかりにくいので、ペアまたはグループを組み、アドバイスしてもらうとよい。

○「大きく、ゆっくり」泳げるようになった子には、「体の中心で線をかく」ことを意識させる。

■学習カード

クロール

年　　　組　　　番　　名前

☆できたものに○をしましょう。

けのび　　　　　　　　　腰かけばた足　　　　　　壁ばた足

	1人でできた→◎　　お手伝いでできた→○　　もう少しでできそう→△										
技	/	/	/	/	/	/	/	/	/	/
①プール横（13m）をクロールで泳ぐことができる	できた										
	手のかき	回	回	回	回	回	回	回	回	回	回
	息つぎ	回	回	回	回	回	回	回	回	回	回
②プール（25m）をクロールで泳ぐことができる	できた										
	手のかき	回	回	回	回	回	回	回	回	回	回
	息つぎ	回	回	回	回	回	回	回	回	回	回
③プール（50m）をクロールで泳ぐことができる	できた										
	手のかき	回	回	回	回	回	回	回	回	回	回
	息つぎ	回	回	回	回	回	回	回	回	回	回

クロールのコツを書きましょう。（最後の学習の時）

評価：○クロールで25m泳ぐことができる。
　　　◎クロールで50m泳ぐことができる。

（倉内唯気）

水泳

すいすい泳ごう！ 平泳ぎ

教材のよさ
・仲間と関わり合いながら、かえる足を身につけることができる。
・平泳ぎの習得をスムーズに行うことができる。

【ステップ4】平泳ぎ

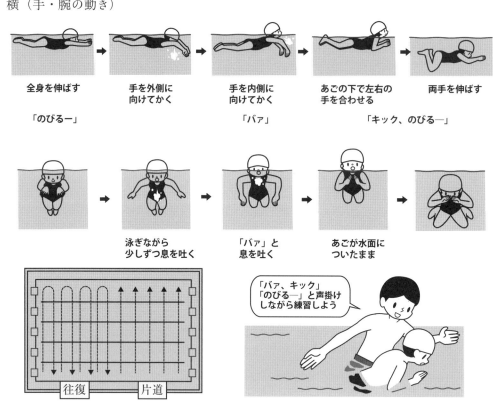

【運動の行い方】
・プールの横を使い、練習を行う。
→25mでの練習だと距離が長すぎるため、課題を意識させるのに適している。
・キックの後にしっかりと伸びる、ゆったりとした平泳ぎを意識させる。
→できるだけ少ない回数でという目標を立てると伸びを意識しやすくなる。
・息継ぎの時にあごを上げすぎないように意識をさせ、上下動を少なくする。

【ねらい・単元計画】 1回25分程度
○正しいかえる足で泳ぐことができる。

1～3	4～5	6～10
【感覚と技能のベースづくり】（水慣れの運動、腰かけキック、壁もちキック）		
【ステップ1】 （ビート板キック）	【ステップ2】 （手と腕の動かし方）	【ステップ3・4】（平泳ぎ）
他泳法		

【感覚と技能のベースづくり】

①腰かけキック

②壁もちキック

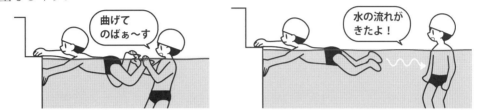

【ステップ1】ビート板キック

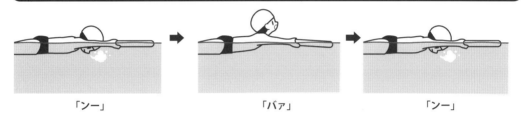

【運動の行い方】
・プールの横を使い、練習を行う。
・ビート板の横を持って水面に顔をつけると呼吸のリズムをつかめる。
・顔をつけているときに「ンー」と息を吐き続けることを意識させる。
・キックをした後の伸びを十分に意識させる。
・「バァ」と呼吸する時にビート板を押すと呼吸がしやすくなる。
・できるだけ少ない回数でという目標を立てると伸びを意識しやすくなる。

【ステップ2】手・腕の動かし方

①陸上で動きを確認する

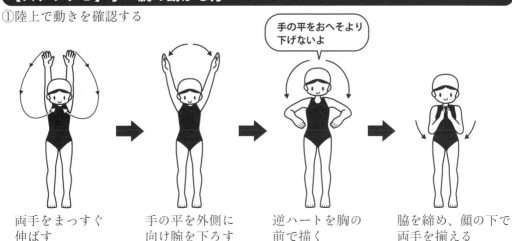

水泳　97

②水中でその場泳ぎ

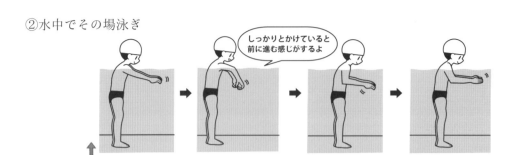

【ステップ3】泳ぎながら練習

①手だけ平泳ぎ

- ビート板を脚に挟んで手のかきだけで進む。
- 「のびるー」「バァ」「のびるー」のリズムで進む。
- 肘を引きすぎないように、肘が高い位置になるようにする。

②2キック1呼吸の平泳ぎ

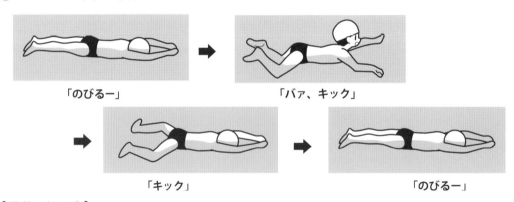

【運動の行い方】
- 2回キック、1回手のかきを繰り返して、伸びを意識することができる。
- 手と足のタイミングを合わせられるようにする。
- 「バァ」のタイミングで足を完全に引きつけ、頭を入れると同時にけり始める。
- できるだけ少ない回数でという目標を持たせることで、伸びの時間を長くする。

【ワンポイントアドバイス】

①教師・友だちの補助　　　　　　　　②肘の位置を高くする（ハイエルボー）

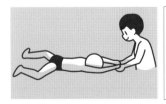

「バァ、キック」「のびるー」の声掛けをしながら腕を補助して正しいタイミングを身につける

腕の動作に慣れてきたら手よりも肘を高い位置に残す動作になるようにする。

■学習カード

平泳ぎ

年　　　組　　　番　　名前

技	＊上手にできた→◎　できた→○　もう少しでできそう→△									
	／	／	／	／	／	／	／	／	／	／
①息継ぎありのビート板キック（泳げた距離を記録しよう）										
②立った状態で正しい腕動作ができる。										
③手だけ平泳ぎ（泳げた距離を記録しよう。）										
④2キック1呼吸の平泳ぎ（泳げた距離を記録しよう。）										
⑤正しいコンビネーションで平泳ぎを泳げる。										
⑥平泳ぎ（泳げた距離を記録しよう。）										

平泳ぎのコツを書きましょう。（水泳学習が終わったら）

評価：○正しい平泳ぎで横（12m程度）を泳ぐことができる。
　　　◎正しい平泳ぎで25mを泳ぐことができる。

（山崎和人）

水泳

安全確保につながる！時間泳・着衣泳

教材のよさ　・自分なりの泳力で、仲間と共に取り組むことができる。
　　　　　　・水難事故の際に自分の身を守る方法を、体験を通して学ぶことができる。

【ステップ2】時間泳

○ゆったりとした「平泳ぎ」

・手足をゆっくりと動かし、　　　・究極は、顔を上げたままで
　顔が水面に出る時間を長く　　　　顎を上げすぎると腰が沈む

○背浮きで進む「イカ泳ぎ」

 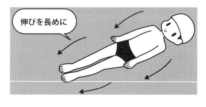

・手を挙げ、足を縮める　　　　　・息を吐きながら、手をかき足を伸ばす

【プールの使い方の例】

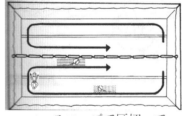 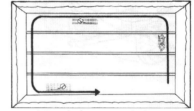

・コースロープで区切って　　　　・同一方向に、みんなで

【運動の行い方】
・「平泳ぎ」を中心に、自分の力に応じ、楽に長く泳げる泳ぎ方を選ぶ。
・実態（児童数、泳力、プールの諸条件）に応じ、1分～5分程度泳ぎ続ける。
・途中で立ってしまっても、時間までは泳ぎ（浮き）続けるようにする。
・息継ぎの時にあごを上げすぎないように意識をさせ、上下動を少なくする。

【ねらい・単元計画】　1回15分程度（浮き方＋時間泳）、30分程度（着衣泳）
○ゆったりと呼吸をしながら、1分以上浮いたり泳いだりすることができる。

1～3	4～7	8
感覚と技能のベースづくり（水慣れ、いろいろな浮き方）		
【ステップ1】（平泳ぎ）＊P.○○～「すいすい泳ごう 平泳ぎ」参照		【発展】ステップ3（着衣泳）
	【ステップ2】（時間泳）	

＊1回45分の場合（着衣泳は、水質管理の観点から1回で計画している。）

【感覚と技能のベースづくり】

（1）友だちのお手伝いで浮く

①手（腕）を持つ　　②背中（肩～腰）を支える　　③頭（首、肩）を持つ

（2）一人で浮く

①伏し浮き　　　　　　②ダルマ浮き

（3）ペアやグループで浮く

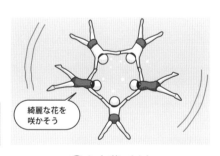

①2人で伏し浮き　　　　②水中花（火）

（4）補助具を利用して浮く
　　（図の他にも、浮き輪、ペットボトル、ボールなど）
　・着衣泳につながる浮き方を体験しておく。

①ヘルパーを腰に　　②ビート板を胸に　　③ビニールを膨らませてあごに

★ここが大切!!　運動の行い方
・海や川でおよいだり、万一着衣のまま水に落ちたりしたときは、速く泳げることよりも、**長く「浮いている」**ことが命を守るために重要である。
・そのため「背浮き」や「楽な呼吸で長く浮く」ことにつながる運動を、水慣れの運動に意図的に取り入れる。

【ステップ１】平泳ぎ

※96ページ～「すいすい泳ごう！ 平泳ぎ」参照
「伸び」を長くとり、ゆったりとした楽な泳ぎ方を意識させる。

【ステップ３（発展）】

○長い時間「浮く」

○長い時間「泳ぐ」

【運動の行い方】
・安全を考慮し、「歩く」「潜る」「呼吸」等、着衣での水慣れを丁寧に行う。
・自分のできる泳ぎ方で泳いでみる。　→「衣服がまとわりつき、泳ぎにくい」ことに気付き、体力の消耗を防ぐ「浮き方」「泳ぎ方」を考える。
・楽に「浮く」方法を確かめる。（背浮き、浮力のあるものにつかまって浮く　等）
・楽に「泳ぐ」方法を確かめる。（平泳ぎ、ちょうちょう背泳ぎ、イカ泳ぎ　等）
・続けて長い時間「浮く」「泳ぐ」ことに挑戦（１分～５分程度）

【ワンポイントアドバイス】

○着衣での時間泳の場〈例〉
・コースを区切り、「浮く」と「泳ぐ」に分けて挑戦させてもよい。
・苦手な児童には、一定時間立たないことを重点とし、浮力のある補助具(ペットボトル等)を活用させる。

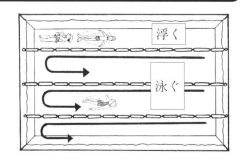

■学習カード

時間泳・着衣泳

年　　　組　　　番　　名前

＊今日のチャレンジ	（例）	／	／	／	／	／	／	／	／
【うく】 ①お手伝い ②ほじょ具（ビート版、 　ヘルパー）など ③一人で	② 2Lの ペットボ トル								
時間	1分								
（立った回数）	0回								
【時間泳】 ①平泳ぎ ②背泳ぎ（ちょうちょう泳ぎ、 　イカ泳ぎ）など ③その他（　　　　　　　）	② イカ泳ぎ								
時間	3分								
（立った回数）	2回								

【着衣泳】※チャレンジしたものに○をしましょう。

①うく（お手伝い、ほじょ具） 　・友達 　・ほじょ具（　　　　　） 　・その他（　　　　　）		②うく（一人） 　・背うき 　・その他（　　　　　　）		③泳ぐ 　・平泳ぎ 　・背泳ぎ（　　　　　） 　・その他（　　　　　）	
時間		時間		時間	
（立った回数）		（立った回数）		（立った回数）	

【学習を終えて】（気づいたこと、わかったこと、考えたことなど）

評価：○20秒以上浮いていることができる。　◎1分以上浮いたり泳いだりできる。

（藤田昌一）

ボール

ゴールに走りこめ！アルティメット

教材のよさ　・柔らかで操作が容易なディスクを使ったゲームなので苦手な児童も参加しやすい。
　　　　　　・ゲーム空間が広くスペースに走りこむ動きを学ぶことができる。

【ステップ2】アルティメットⅡ（4対4）

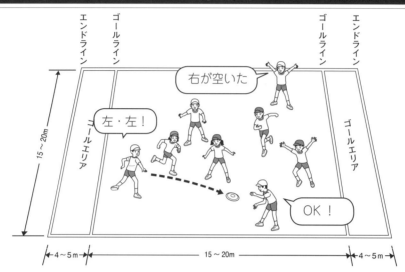

- 中央ラインからスタートする。ゴールエリア内で、味方からのパスをキャッチできたら得点。
- 得点したらその場にディスク（ミカサのドッジビー等）を置く。得点されたチームはゴールエリアからすぐに再スタート。守りはゴールエリアには入れない。攻撃は何人入ってもよい。
- ディスクを持ったら原則動けない。ただし、3、4歩動いてしまったり、片足を軸にピボットしたりすることは認める。パスのみでゲームを進め、ディスクが落ちても拾ってその場から続ける。
- パスカットはよい。ディスクや持っている児童に触れることは禁止。保持者から1～2m離れる約束をする。空中や地面に落ちたディスクを2人が同時にキャッチした場合は、じゃんけんで決める。
- パスカット時や転がった相手ディスクを捕った時は、その場から攻めてよい。
- ディスクが外に出た場合は、出た場所から相手チームのパスで再開する。
- 初めての得点は誰でも2得点。あとは1点ずつとする。

【運動の行い方】
- 1チーム5～7人程度。4人対4人で行う。1ゲーム前・後半3分ずつで合計点を競う。

【ねらい・単元計画】1回25分程度
○パスがもらいやすい位置に移動し得点することができる。

1～4	5～8
【感覚と技能のベースづくり】（キャッチビー　パスラン　どこまでいけるかな）	
【ステップ1】アルティメットⅠ 4対2	【ステップ2】アルティメットⅡ　4対4

【感覚・技能のベースづくり】

①キャッチ・ディスク

- 30秒間に何回パスできるか挑戦させる。最初は4mからスタートし、6回を目標にさせる。
- 2回目以降は10回以上できたペアは1mずつ距離を伸ばして、同じようにできるか挑戦させる。

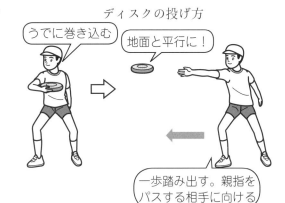

② 「パス&ラン」リレー

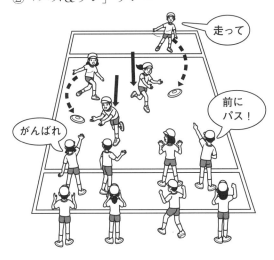

③ どこまでキャッチ

- 4〜6人1チームの2チーム対抗戦。2人がパスで往復し、先に最終組がゴールエリアでキャッチした方の勝ち。パスを出したらすぐに走り、パスは前の空間（リードパス）に出すことを指導する。このポイントを意識させる。

- 「いくよ」の合図でラインからディスクを投げ、相手の子がノーバウンドでキャッチする。
- ペアの子がとれる力加減で、できるだけ遠くに投げることを意識させる。
- ☞ **隣との間隔をとり、回ったディスクのキャッチは注意するよう指導する。**

【ステップ1】アルティメットⅠ　4対2

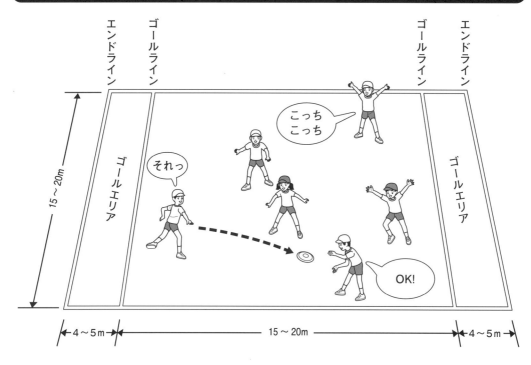

★ここが大切!!　運動の行い方
- 基本ルールはアルティメットⅡと同じだが、入り乱れではなく攻守入れ替え制。
- 1チーム5人〜7人。攻撃側4人、守備側2人の数的優位をつくり3分程度で行う。
- 攻撃側がゴールエリアから「いくよ」の合図でゲームを開始する。
- 得点した場合や守備にディスクを奪われた場合は、スタートしたゴールエリアから再スタート。
- ディスクが外に出た場合は、スタートしたゴールエリアから再スタート。

【ワンポイントアドバイス】

①フリーを探そう

- 4対2では絶対にマークされていない子（フリー）がいるので、空いている子にパスできるようにする。

②右・左・近く

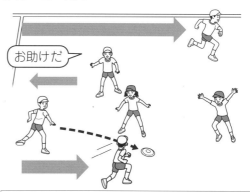

- ディスクを味方が持ったら、とにかく、右と左に走れるようにする。出せなかったときのために1人近くにいると（お助けマン）局面が変化する。

■学習カード

アルティメット

年　　組　　番　名前

〈メンバー〉　　　チーム名：

月／日	／	／	／	／	／	／	／	／
キャッチビー きょり	m	m	m	m	m	m	m	m
キャッチビー 回数	回	回	回	回	回	回	回	回
相手								
結果 ○でかこむ	かち まけ	かち まけ	かち まけ	かち まけ	かち まけ	かち まけ	かち まけ	かち まけ
できたら○をつけよう								
楽しくできた								
ディスクをもらう ことができた								
仲間がディスクを持ったら、右や左に走りこむことができた								

すべての学習を終えて
（ディスクをもらうときはどうすればよいか、コツやポイントを書きましょう）

評価：○パスをもらうことができる。　◎右や左に走ってパスをもらうことができる。

（北村尚人）

ボール

パスをつないで！全員シュート！バスケットボール

教材のよさ ・攻撃有利で試合を進められ、空いているスペースをみつけ、得点する楽しさを味わわせることができる。

【ステップ２】ハーフコートでの４対２のゲーム（攻守交代制）

①攻めるチームはセンターラインに並ぶ。守るチームが２人出る。
②「いくよ」の合図で、攻めるチームはセンターラインからゲームを開始する。
③ドリブルは禁止。パスのみでゲームを進める。
④次の時は、センターラインから再スタートする。
　㋐シュートが入った時　㋑守りがパスカットをした時　㋒ボールが外に出た時

【運動の行い方】

・１チーム７〜８人（男女混合）で、３〜４人ずつの兄弟チームを作る。
　※経験者がいる場合や身長差などを考えてチームの力が均等になるように分ける。
・兄弟チームが、それぞれ１試合、前・後半各２分ずつ攻める側のゲームを行い（２分×２×２の８分が攻め）、兄弟チームの合計得点で勝敗を競う。攻守交代して相手チームが攻撃する。（守り２人なので、前・後半で４人となり、守りを全員経験できる。）負けてしまうことがわかっていると、意欲が持てないため、①兄②相手の兄③弟④相手の弟など順番を工夫するとよい。
・得点ルールは工夫してもよい。（例①：リングに当たったら１点、シュートが入ったら２点　例②：ファーストゴール５点、それ以降２点　など）

【ねらい・単元計画】１回25分程度

○空いているスペースに動き、パスをもらったり、シュートしたりすることができる。

１〜３	４〜８
【感覚と技能のベースづくり】	
【ステップ１】サークルゲーム	【ステップ２】（攻守交代制）ハーフコートでの４対２のゲーム　【ステップ３】発展　オールコートで３対３

【感覚と技能のベースづくり】

シュート＆リバウンド

- 2人組で一定時間に何点とれるか挑戦する。
- 交代でシュートしシュートが外れたらリバウンドシュートをする。

パス＆ラン

- パスをしたら、パスを出した方へ走り、後ろに並ぶ。
- 一定時間（1分）に何回できたか他チームと競ったり、クラス合計して達成感を持たせたりする。

パス＆シュート

①から②にパス、②から③にパス、そして③がパシュート。
①と②はリバウンドを狙う。
慣れてきたら動きながら行う。

5本シュート

- 1人5本打ったら交代
- 合計で何点入るかチームごとに競う。

※児童の技能に応じて、内容を選択してよい

【ステップ1】サークルゲーム

- サークルはケンステップやビニールテープなどを活用する。

★ここが大切!!　運動の行い方
- コートの大きさはハーフコートとする。
- 兄弟チームの兄チーム・弟チーム同士が対戦する。攻め3人、守り1人を決めて交代でゲームを進める。1ゲーム1分とし、攻めが終了後、攻守交代する（1分×3回（兄攻め＝1人2回は出られる）×3（相手兄攻め）×2（兄弟の合計18分）。
- 中央のサークルからパスを出し、ゲーム開始。ハーフコート内にサークル（ケンステップなど印になるもの）を4つ置く。サークルの中でパスをもらえたら1点とする。サークル内にずっと止まることはできない。得点した児童はサークルから外に出る。
- 次の場合は再スタート。㋐得点が入った㋑守りがパスカットした㋒ボールが外に出た
- 兄チーム、弟チームで合計得点の多い方の勝ち。

【ステップ3】オールコートを使ったゲーム3対3（発展）

パスゲームで行う。◎は攻撃専門のシューター　※攻撃が多くなり有利になる

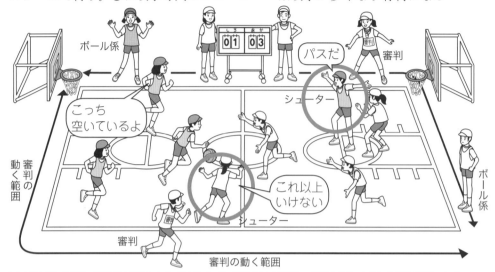

- センターラインを越えて守備ができない攻撃専門のシューターを1人決める。シューターは、得点したらゲームの途中でも交代してもよい。
- コートの外に出た時は、相手ボールになり、センターサークルから再スタート。
- 兄弟チームの出ていないチームが得点の係を行う。得点した者に得点を入れさせてもよい。
- リングに当たったら1点、シュートが決まったら2点とする。
（クラスで話し合い決めてもよい）
＊5、6と2学年に渡って行う場合や技能が高い場合に扱う。その場合、ステップ2、3で単元を構成する。また、審判はつけず、相互審判でもよい。

★ここが大切!!　運動の行い方
- 1試合6分(前半3分後半3分)のゲーチームムを行い、兄弟チームの合計得点で勝敗を競う。
前半：兄　後半：弟チーム（どちらが先でもよい）。
- 攻めるチームは、センターラインから守るチームにパスをした時に動き始めてよい。
守るチームは攻めるチームにパスを返すまでは動いてはいけない。
- ドリブルは禁止でパスのゲームとする。（クラスの実態に応じてドリブルも入れてもよい）

【ワンポイントアドバイス】

①入りやすい場所の確認

ゴールボードにも×印を付ける。

シュートが入りやすい位置にマーキングをする。（ゴールに対して斜め45度ぐらい）

②シュートの打ち方

- ボールを両手でもつ。
- リングを見て距離や場所を確認する。
- 肘と膝を曲げる。

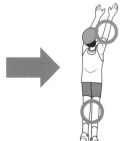

- 肘と膝を一気に伸ばしてシュートする。

■学習カード

バスケットボール

年　　　組　　　番　名前

＜チーム名＆メンバー＞

チーム名				
兄チーム				
弟チーム				

振り返り（◎よくできた　〇できた　△もう少し）

月／日	／	／	／	／	／	／	／	／
パスをもらう								
パスを通す								
シュートを打つ								
自分の得点								

試合結果

月／日	／	／	／	／	／	／	／	／	／	／
相手チーム										
自分たちの得点										
相手の得点										
〇で囲む	勝ち負け	勝ち負け	勝ち負け	勝ち負け	勝ち負け	勝ち負け	勝ち負け	勝ち負け	勝ち負け	勝ち負け

バスケットボールのコツをかこう

> 評価：〇あいているスペースに動き、パスをもらうことができる。
> ◎あいているスペースに動き、シュートをすることができる。

（長野翔太郎）

ボール

誰もがゴールをねらえる！I型サッカー

教材のよさ
・ゴールが360度どこから狙えるので得点が入りやすい。
・ボールが出たり、点数が入ったりした際、すぐにゲームが始まることで運動量が確保できる。

【ステップ2】I型サッカー4対2

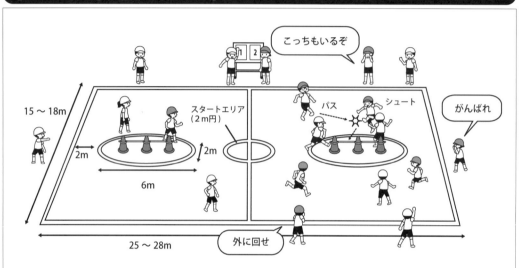

- じゃんけんに勝ったチームがセンターサークルからパスを出し、ゲームを始める。
- 攻める側が4人。守る側は3人(内1人はキーパー)の数的優位を持たせたゲーム。
- 楕円型ゴールのどちら側からでもボールが通過すれば得点。
- ゴールエリア内にはキーパーのみ入れる。ただし、ゴールをまたいで反対側に移動はできない。必ずコーンを回って移動する。
- コート外に出たボールは先に拾った外野の子が手で投げ入れても入れてもよい。同時に拾ったらじゃんけんで決める。ゴールに直接入っても得点にはならない。
- ボール保持者のボールを相手チームが触ることはできない。パスカットはよい。女子は腰から上のボールは手で落としてもキャッチしてもよい（＝神の手ルール）。

【運動の行い方】
- 1チームは8人～10人程度。内野5人(うち1人キーパー)。外野1～2人。
- 1ゲーム2分30秒×4回(回数はチーム人数に応じて)。毎回役割を交代する。
- ボールは、ミカサ・スマイルサッカー軽量4号球等（空気を少し抜く）。

【ねらい・単元計画】 1回25分程度

1～3	4～7
【感覚と技能のベースづくり】	
ボールタッチ・1分間キック	何人ドリブル・ドリブルリレー
【ステップ1】ミニI型サッカー4対2	【ステップ2】I型サッカー4対2

【感覚と技能のベースづくり】

①ボールタッチ20秒　　　　　　②１分間キック

 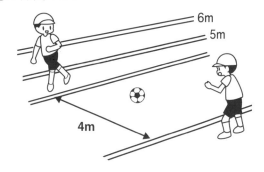

・足を交互に動かし、ボールにタッチする。
・ペアで回数を数えながら、20秒間に何回できるか挑戦させる。
・最初は前後、慣れたら左右と発展的に行う。

・インサイドキック１分間に何回パスできるか挑戦したり競ったりする。
・最初は４ｍ。５回を越えたペアは１ｍずつ距離を伸ばす。
・バウンドしたボールでも良いので、足で止められたら１点とする。（クラスの実態に応じて受けて側は手で止めても良い。）

③何人ドリブル

・インサイドやアウトサイドを使立っている子の周りを回る。
・１分間で何人の周りを回れたか挑戦する。
・他の子にぶつからないよう、周りを見て動く

④ドリブルリレー　　　　　　★ここがポイント　運動の行い方
　　　　　　　　　　　　　　ボールの止め方

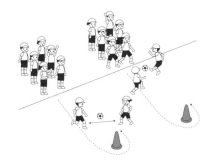 

・２人でパスを行いながらコーンを回る。次の２人にボールをパスしていくリレー方式。最後の２人ゴールしたときに順位を決める。
・２チーム、全チーム対抗の何れでもよい。

・転がってくるボールをよく見て、足の裏全体でを使って止める。
・慣れたら、ボールスピードに合わせ、サイドで引くようにして止める

ボール　113

【ステップ1】ハーフコートI型サッカー4：2

★ここが大切!! 運動の行い方

- 1チーム8から10人。
- ハーフコート内4対2（守り1人キーパーを加えると4対3）。外野各1人か2人。の攻める側の数的優位をつくったゲーム。
- 2分×4人の組数（9人なら3回）で一方のチームが攻め、終了後攻守交代で行う。合計得点の多いチームの勝ち。
- 中央の半円からボールをパスしてスタート。両側からシュートでき、コーンを通過すれば1点（中央のコーンに当たった場合は得点）。
- ボールを押さえているときは、守備チームは触れない。パスカットはよい。
- コートの外にボールが出た時、味方外野がボールをとった場合は、投げ入れてよい。守備チームの外野がとった場合は、半円からリスタート。攻撃側は、意図的に外野にパスを出してもよい。同時に拾ったらじゃんけんで決める。ゴールに直接転がして入っても得点にはならない。外野はどこにでも走ってよい。
- コート内で守備側チームが足でボールを押さえた時は、半円からリスタートする。
- 女子は腰から上のボールは手で落としてもキャッチしてもよい（＝神の手ルール）。

【ワンポイントアドバイス】

①作戦　外野の有効活用

- 攻撃側のチームが意図的に味方の外野がパスを回し、外野から逆サイドに攻撃を展開することもできる。この方法はメインゲームへとつなげられる（図）。

②ルールの工夫→実態に応じた対応
　○男女とも腰から上のボールは手で弾いても、止めてもよい。
　○守備側チームの外野はおかない。
　○女子の得点を2点とする。全員がシュートを入れたらボーナス点2点を加算する。

■学習カード

Ｉ型サッカー

年　　　組　　　番　名前　　　　　　　　　　

	1回目	2回目	3回目	4回目	5回目	6回目	7回目
ボールタッチ 1分間キック 何人ドリブル	回	回	回 回	回	回 人	人	人
ミニＩ型 サッカー	最高 点	最高 点	最高 点				
Ｉ型サッカー 最高得点				最高 点	最高 点	最高 点	最高 点
試合結果							

メモ

★Ｉ型サッカーを終えてみての感想★

評価：○ボールをもらえる位置に動くことができる。
　　　◎空いている味方にパスすることができる。

（原田和馬）

ボール

空いているゴールを狙え！ハンドボール

教材のよさ　・ゴールが2面あるので、多くの得点をとる楽しさを味わうことができる。
　　　　　　・ボールを持って運べるので素早く前へ進むことが学べる。

ハンドボールⅡ（4対4）【ステップ2】

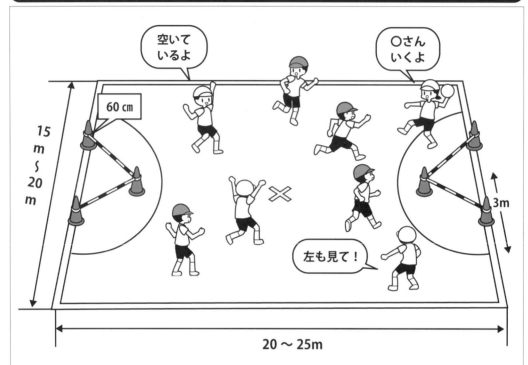

・中央の×印からゲームをスタートする。パスでゲームを進め、シュートボールがバーの下を通過したら得点。得点したら全員が×まで戻って再スタート。
・ボールを持ったら原則動けない。ただし、3、4歩動いてしまったり、片足を軸にピボットしたりすることは認める。攻守の交代はパスカットのみ。（ボールはミカサのスマイルハンドボール等）
・攻撃は半円（ゴールエリア）には入れない。守備はキーパーの子のみ入ってもよい。
・ボールが外に出た場合は、出た場所から、相手チームボールでゲームを再開する。
・空中や地面に転がったボールを2人が同時に触った場合は、じゃんけんで決める。

【運動の行い方】
・1チーム5〜7人。4人対4人で行う。1ゲーム前・後半3分ずつで合計点を競う。

【ねらい・単元計画】　1回25分程度
○パスがもらいやすい位置に移動し得点することができる。

1〜4	5〜8
【感覚と技能のベースづくり】（キャッチボール　シュートゲーム）	
【ステップ1】ハンドボールⅠ 4対2	【ステップ2】ハンドボールⅡ　4対4

【感覚・技能のベースづくり】

①30秒キャッチボール

- 30秒で何回パスできたかを競う。最初は、4mからスタート。
- 2回目以降、10回以上できたペアは1m距離を伸ばして、同じようにできるか挑戦させ、仲間の投捕の能力やパスしやすい距離を理解させる。
- 苦手な子のために1バウンドで行ってもよい。

ボールのキャッチの仕方→ボールの大きさにもよりますが、大丈夫でしょうか？？？

②シュートゲーム4対0（ハーフコート）

- 全員にパスしてからシュートする。シュートする子は毎回変える。得点したら×まで全員戻る。
- 一定時間（2分程度）に何点取れるかを他のチームと競ったり、全チームの得点を毎回合計して伸びを確かめるなどして、意欲的に取り組めるようにする。
- 慣れたらキーパーや守備を1人いれてもよい。

ハンドボールⅠ　4対2【ステップ1】

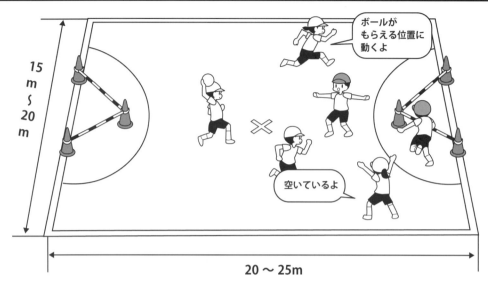

★ここが大切‼　運動の行い方
・基本ルールはハンドボールⅡと同じだが、入り乱れではなく攻守入れ替え制。
・1チーム5人～7人。攻撃側4人、守備側2人守備側2人の数的優位をつくり、3分程度で行う。
・攻撃側が自陣のゴールエリアから「いくよ」の合図でゲームを開始する。
・得点した場合や守備にボールを奪われた場合は、スタートしたゴールラインから再スタート。
・ボールが外に出た場合は、スタートしたゴールラインから再スタート。

【ワンポイントアドバイス】

①味方がボールを持ったら左右の前に走る　②空いている子がシュート

・味方がボールを持ったら、とにかく前に走る。走る方向は、右・左を意識させる。
・相手の背中の後ろを走ると有効なことをモデルで理解させる。

・ゴールが2面あるので、守りにマークされていない逆サイドの子にシュートを打たせる。
・サイドチェンジが有効なことを理解させ、意図的に使わせる。

■学習カード

ハンドボール

年　　　組　　　番　　名前

＜メンバー＞　　　チーム名：

月／日	／	／	／	／	／	／	／	／
キャッチボール回数	回	回	回	回	回	回	回	回
シュートゲーム得点	点	点	点	点	点	点	点	点
相手								
結果○でかこむ	かちまけ	かちまけ	かちまけ	かちまけ	かちまけ	かちまけ	かちまけ	かちまけ
できたら○をつけよう								
楽しくできた								
パスをもらうことができた								
仲間がボールを持ったら、右や左に走りこむことができた								

すべての学習を終えて、チームでたてた作戦と自分の役割を図や絵で書きましょう。

評価：○パスをもらうことができる。　◎右や左に走ってパスをもらうことができる。

（北村尚人）

ボール　119

ボール

走って！パスして！フラッグフットボール

教材のよさ　・ボールを持った時の動きと持たない時の動きを身につけやすい。
　　　　　　・チーム全員で戦術を考え、課題解決的学習につながる。

【フラッグフットボール】ステップ3

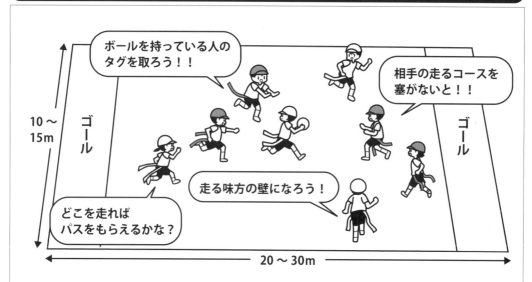

- ジャンケンで攻撃権を決め、ゴールライン内から味方にパスをしてゲーム開始。
- ボールを抱えて走りゴールラインを越えたら得点（落としてはいけない）
  守りはボールを持っている子のフラッグ（しっぽ）を取り、その場に置く。
- 「コートの外に出る」「フラッグやボールを落とす、取られる」という失敗をしたら、その場所からラインをつくって再スタート（3～4回失敗で攻撃権を交替）。ラインは再スタート地点に横に並んでつくる（間隔は自由）
- 再スタートは自陣の方向（後ろ）へ投げて再開。それ以外は、どの方向に何回パスしてもよい。
- 守りはゴールラインから1m以上離れ、最初のパスが出たらフラッグを取りに走る
- 得点後はゴールラインの内側から相手チームがパスをしてゲーム再開

【運動の行い方】
- 1チーム8人程度の偶数チーム。ゲーム人数は4人対4人
- 1ゲーム3分×2（チームの人数に応じて回数を決める）

【ねらい・単元計画】1回25分程度
○空いている仲間にボールをパスをしたり、パスをもらえるよう空いたスペースに動いたりすることができる。

1・2	3・4	5～8
【感覚と技能のベースづくり】（フラッグ取りゲーム）		
【ステップ1】 チームで抜きっこゲーム	【ステップ2】 4対3アウトナンバーゲーム	【ステップ3】 フラッグフットボール

【感覚と技能のベースづくり】

フラッグ取りゲーム

★ここが大切!! 運動の方法
- 緩急をつけた走り方やジクザクの走り方などフェイントを使って逃げることを指導する。
- 自由な発想でチームの作戦を立たせてもよい。
- ☞フラッグを取る際、正面からでなく、横や後ろから取るよう指導する。

【運動の行い方】
1. 2チーム対抗戦。4チームあれば2コート使用。
2. 教師の合図で、コーチ内を自由に動き回り、相手のフラッグを取る。
3. ゲーム時間は30秒程度とする。フラッグを2本とも取られたら外にあるフラッグをつけて参加する。
4. 教師の「やめ」の合図でその場で座り、フラッグの数の確認を行う。何本のフラッグを取れたかで勝敗を決める。

【ステップ1】チームで抜きっこゲーム

チームで抜きっこゲーム

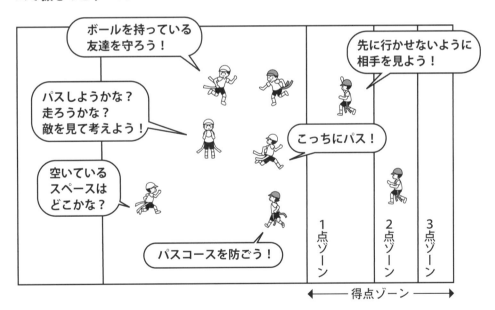

★ここが大切!! 運動の方法
- 4人対4人、3分程度の攻守交代で行う(2～4セット)。
- 攻撃チームは、スタートラインよりも後方で「レディー・ゴー」の合図でプレーを開始。
- パスは手渡しでも、どの方向に投げてもよい。
- 得点ゾーンでフラッグ取られた場所が得点。
- 守備チームはスタートラインと2点ゾーンの間で守る。

【ステップ2】4対3アウトナンバーゲーム

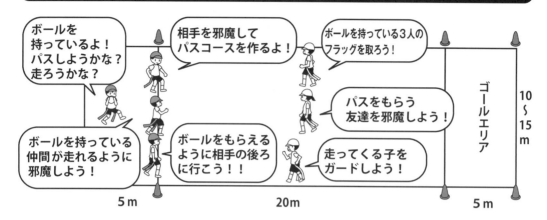

★ここが大切!! 運動の方法

・攻撃側は4人、守備側は3人の攻守交代制（3分ハーフ程度）で行う。
・攻撃チームは、スタートラインよりも後方で「レディー・ゴー」の合図でプレーを開始。
・フラッグを取られずにエンドラインを超えることができたら得点となる。
・タグを取られたら、取られた場所からどの方向にパスをしてもよい。タグを取られた子は、相手からタグをもらって付ければ、プレーに参加してもよい。
・得点等、プレーが中断した時は、守備の子は交代する。
・得点のルールを工夫してもよい（初得点：2点、それ以降1点。全員得点でボーナス3点等）

【ワンポイントアドバイス】

◎作戦例

・子ども達の自由な発想の基、相手チームに合わせて作戦を考えてよい。
・どのような作戦であれ、相手を意識して作戦を立てたら、評価してあげる。

・壁作戦
ボールを持っていない子どもは相手プレイヤーの前に立ち、両手を広げて、壁になり、ボールを持っている子どもの走る道を作る。

・ボール隠し作戦
誰がボールを持っているか分からないようにする。

・後ろ向き作戦
ボール隠し作戦
誰がボールを持っているか分からないようにし、バラバラに動く。

・1列作戦
1列に並んだ状態からスタートし、一斉にバラバラになる。

■学習カード

フラッグフットボール

年　　組　　番　名前

日付	1回目 /	2回目 /	3回目 /	4回目 /	5回目 /	6回目 /	7回目 /	8回目 /
相手								
結果	勝ち 負け	勝ち 負け	勝ち 負け	勝ち 負け	勝ち 負け	勝ち 負け	勝ち 負け	勝ち 負け
自分たちの得点								

(最後の授業が終わってから書きます)
★ボールを持ったらどのように走ればいいのか、パスをもらう時はどうすればいいのか、
　ボールを持っていない時はどう動けばいいのか、そのポイントを書きましょう。

★チームで立てた作戦と自分の役割を簡単な絵で説明しましょう。

評価：○フラッグを取られないよう走ることができる。
　　　　◎作戦を工夫し、意図的に動くことができる。

(鍵森　英)

ボール

つないで！打とう！キャッチバレー

教材のよさ　・ボールの落下点への前後左右の動きを身に付けることができる。
　　　　　　・守りの配置やボールの返球等、戦術的な学習を行うことができる。

【ステップ3】キャッチバレーⅡ（対戦型ゲーム）

- 最初はジャンケンをして勝ったチームからのサーブでゲーム開始。その後は、得点を取ったチームがサーブ。両手で下から投げる。
- 相手からきたボールをキャッチし、ネット側にいるセッターに1回だけパスをする。
- 3回以内でボールを相手コートに返す。
- ボールが相手のコートに落ちたら得点。また、相手からのボールがコート内に返ってこなかったり、相手チームの人がネットを触ったりした場合も得点。
- セッターでボールをキャッチした子は、その場からボールを上げる。
- セッターが上げたボールは、アタック（片手又は、両手）して返す。

【運動の行い方】

- 1チーム8人～10人。4人対4人で行い、前後半か3回で5分ずつ程度行う。チームは、キャッチバレーⅠの連続ラリー回数を元に編成する（変更しなくともよい）。
- ボールはできるだけ、柔らかいボールにする。（ミカサのスマイルボール4号等）
- 打ち返す際に、手前か奥か、といったねらう意識をもたせるとよい。
- モデルゲームを観察し、人がいない「手前（ネット際）や奥（バックライン付近）」をねらうと得点につながることを気づかせる。また、ねらう場所の意識を持たせ、チームで練習してもよい。守備隊形は3人が一直線に並ぶのでなく△や▽がよい。
- バドミントンコート・ポールとネットを使用する。ネットの高さ150cm程度。

【ねらい・単元計画】1回25分程度

○ボールの落下点に移動し、ねらって打つことができる。

1～2	3～5	6～8
感覚・技能のベースづくり（アタックゲーム）		
ステップ1 （アタックラリーゲーム）	ステップ2 （キャッチバレーⅠ）	ステップ3 （キャッチバレーⅡ）

【感覚・技能のベース作り】

1　ペアでキャッチボール

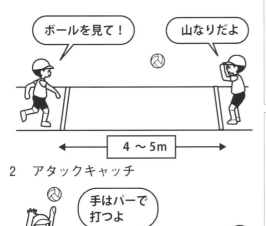

- ペアで4.5〜5m程度の間を空けて山なりで投げる。
- 何回連続で続くか数える。
- ボールが地面に落ちたら失敗。
- 一定時間（2〜3分）程度で連続で続いた数を競う。

2　アタックキャッチ

- 強くではなく、コースをねらい山なりでペアにアタックを打つ。ペアはボールの落下点に移動し、キャッチする。
- 何回連続で続くか数える。
- ボールが地面に落ちたら失敗
- 2人である程度、続くようになったら、4人で取り組む。
- 一定時間（2〜3分程度）に連続で続いた数を競う。

【ステップ1】アタックラリーゲーム（4人対4人）

★ここが大切!!　運動の方法
- アタックゲームの回数を元に、1チーム8〜10人のチームを編成する。
- ネットを挟み、4、5人ずつ分かれて1列で並ぶ。セッターを固定し、味方同士でのアタックラリーゲームを行う。1コートを半分に分け、2チームが同時に行う。
- セッターにパスし、上がったトスをアタックする。アタックしたら、自分の列の後ろに戻る。アタックされたボールを反対側の先頭の人がノーバウンドでキャッチし、キャッチしたボールをセッターにパスする。上がったトスをアタックし、反対側の先頭の人がキャッチする。これを繰り返し行う。
- 制限時間内でのラリー回数を得点とし、ゲーム化する。クラスのラリー合計の変化を示し、達成感を持たせてもよい
- ラリーが上手な友だちを観察し、「手をパーにする」「ボールをよく見る」「山なりで打つ」「ねらったところに打つ」ことがポイントになることを確認する。

【ステップ２】キャッチバレーⅠ（協力型ゲーム）

★ここが大切！！　運動の方法
- １チーム８〜10人。１ゲーム２分程度×２〜３回×２（相手チームがあるため）
- キャッチボールやアタックゲームの得点を基にチームを編成する。
- 味方同士で行うので、１回ごと８人（内セッターが２人）がゲームに参加する。
- 時間内での１番多いラリー回数をその回の得点とし、合計得点で勝敗を決める。
- 味方のどちらかが投げ入れ、レシーバーがボールをキャッチし、セッターへパスする。セッターは、キャッチしたボールを上げ、味方が打ち、反対側の味方がキャッチしたら、ラリー１回とカウントする。同様にして２回続いたら２点。３回続いたら３点。
- ラリーがたくさん続いているチームを観察し、「素早くボールの落下点へ移動している」「声をかけあっている」「山なりで打っている」「守備隊形は３人が△や▽の方がよい」等、ポイントを確認する。
- 待っている相手チームは、得点を数える。

【ワンポイントアドバイス】

①打ち方

- ボールの落下点へ移動する。
- パーで、片手又は、両手で打つ。
- ボールをしっかり見て打つ。
- 最初は肘を伸ばして「ベチャ」とやさしく打つよう指導する。

②ルールの工夫（ワンバウンドバレーボール）

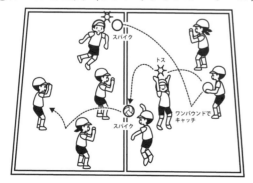

- ６年生では、味方陣地に来たボールが地面にワンバウンドしてからレシーブしてもよい。
- 同じ人が２回続けてボールに触っても良い。
- ワンバウンド可にした場合は、守備隊形はコート後方になる。
- またワンバウンドのアンダーやオーバーの練習が必要となる。

■学習カード

キャッチバレーボール

年　　組　　番　名前

メンバーの名前					

月／日	／	／	／	／	／	／	／	／	／
相手	チーム	チーム	チーム	チーム	チーム	チーム	チーム	チーム	チーム

自分ができたら〇をつけよう

ボールをキャッチする									
相手のコートに打つ									
得点を決める									
ねらって打つ									
自分たちの得点									
得点の点数									
結果〇を書く	勝ち負け	勝ち負け	勝ち負け	勝ち負け	勝ち負け	勝ち負け	勝ち負け	勝ち負け	勝ち負け
次のコート									

得点を決めるコツを書こう。（キャッチバレーの学習が終わったら）

＊自分たちが取った点数と相手の点数を書く。

> 評価：〇相手コートに打つことができる。　◎ねらった場所へ打つことができる。

（萩原雄麿）

走る？止まる？残塁ティーボール

教材のよさ　・止まっているボールなので、力強くボールを打つことができる。
　　　　　　・全員が残塁できるので、走るか走らないかの判断だけすればよい。

残塁ティーボール【ステップ3】

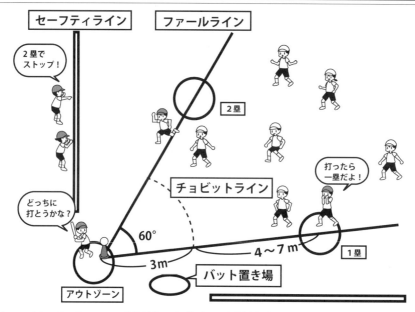

- 走者は、打ったボールの飛距離と守備者が直接捕球するかどうかを判断し進塁するか決める（塁に止まっても良い）。
- チョビットラインよりも手前でボールが止まるか、ファールラインを越えてしまったら打ち直しとする。
- 守備のチームは、バッターが打ったボールを止め、アウトゾーンにボールを返す。ボールがアウトゾーンに到達した時に塁間にいる走者はアウト。
- 打者が一巡した時に、ホームへ到達した人数とそれぞれの塁に残塁している走者を得点とする。ホーム3点、3塁2点、1塁1点。2回表裏で行う。

【運動の行い方】
- 1チーム6人程度
- バットは、プラスチック製、ティーボール用、内田洋行製などを使う。
- ティー（ボールをのせる台）は、ティーボール用のもの、内田洋行製、またはカラーコーンの上に500mlのペットボトルを半分にしたものをかぶせたものを使う。
- ボールは、ウレタン製ボールやスマイルハンドボール1号（MIKASA製）を使用する。

【ねらい・単元計画】20分×8回
○止まっているボールを力強く打つことができる。

1〜2	3〜5	6〜8
【感覚と技能のベースづくり】（バッティング・ホームランダービー）		
【ステップ1】 （かっとばしゲーム）	【ステップ2】 （三角ティーボール）	【ステップ3】 （残塁ティーボール）

【感覚・技能のベースづくり】バッティング・ホームランダービー

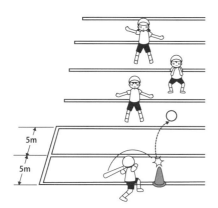

・ティーに置かれているボールを打つ。
・ラインを引いて目安をつくるとよい。

★ここが大切!! 運動の方法
・はじめは、下の方を打ってしまうこともよくあるが、とにかく思い切り打つように指導する。
・慣れてきたら、3～4人をグループとし、ティーの上からボールを打ち、飛距離を競わせる。1人2回ずつ打ち記録のよい方を得点とする。（守備についてボールを止めた位置で競ってもよい。）
・入れ替え戦方式で行うと、後のチームづくりの参考データにも使うことができる。

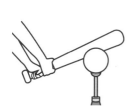   

バットの握りは、右打ちの子は、左手が下となる（左打ちは逆）。
前足と同じ手が下と覚えさせる。

ティーの位置に前の足を合わせる。肘を伸ばしてボールに合わせる。

インパクトまではボールを見る。

力強く最後まで振り抜く。

☞ バットはしっかり握り離さない（投げない）。待つ子は必ず打者より2m下がる（ラインなどを引き指導する）。

【ステップ１】かっとばしゲーム

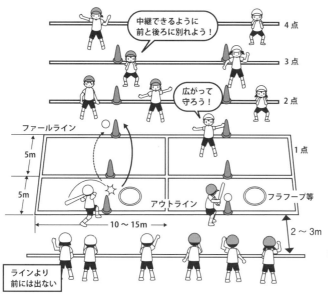

★ここが大切!! 運動の方法
・打者は、打ったボールの飛距離と守備者が捕球したかどうかを見てコーンを回って返ってくる。
・2点ラインよりも手前のファールラインを超えてしまったら打ち直しとする。
・守備のチームは、ボールを止め、アウトラインにボールを返す。ボールがアウトラインより奥にいる守備者が捕球（触ればよい）するまでに打者が返ってきたら得点。
☞ リングに必ずバットを置く。置かない場合はアウトとする。

【ステップ２】三角ティーボール

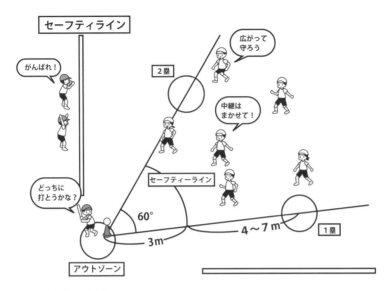

★ここが大切!!　運動の方法
- ティー（台）の上に止まっているボールを打ち、１塁に向かって走る。打球を見て、２塁、ホームを狙ってもよい。
- チョビットラインよりも手前でボールが止まるか、ファールラインを越えてしまったら打ち直しとする。
- 守備のチームは、バッターが打ったボールを止め、アウトゾーンにボールを返す。
- アウトゾーンにボールが返ってくるまでに、進塁できたところを得点とする。（１塁１点、２塁２点、ホーム３点。さらに回れたら、４点、５点…と増やしてもよい。

【ワンポイントアドバイス】

①安全について

打った後のバットは必ずコーンやフラフープの中に入れる。入らなかった場合は、戻って来て入れ直させる。

セイフティラインから前に出ない。

②ルールの工夫
　〇アウトゾーンを増やす・場所を変える
　・守備側に決めさせる。攻撃側が指定する。という方法がある。
　〇残塁できる人数を制限する。
　・残塁できる人数を制限することで、野球やソフトボールに近づいていく。少なくなればなるほど進まなければならなくなるため難しくはなる。
　〇１塁手前に女子用の１塁を別途つくり、得点する楽しさを経験させる。

③守り方
　・広い範囲を守れるように、同じ場所に固まらないよう声をかける。
　・すばやくアウトゾーンにボールを返せるように、左右だけでなく前後も意識させるとよい。
　・中継に入る時はアウトゾーンとボールが一直線になるようにする。

■学習カード

残塁ティーボール

年　　　組　　　番　　名前

日付	得点記録	試合記録		自己ひょうか ◎　○	次の時間のコート ・対戦相手
	ダービー	1試合目	2試合目		
／					
／					
／					
／					
／					
／					
／					
／					
／					
／					

強く打つコツやポイントを書きましょう。
（最後の授業で書きます）

評価：○力強くボールを打って得点できる。　◎力強くボールを打つことができる。

（鍵森　英）

ボール　131

表現

激しい感じを表そう！

教材のよさ　・ペアやグループで表したいイメージを選び、即興的な表現や簡単なひとまとまりの動きを工夫し、楽しく踊ることができる。

【ステップ２】「はじめーなかーおわり」のストーリーを考えて踊ろう

【激しい感じの題材例　火山大爆発！】

＜はじめ＞	＜なか＞	＜おわり＞
静かな火山が少しずつ爆発し始める。	激しい音とともに、空高くまでマグマが飛び散る。	やがて火山の噴火は落ち着き、辺りに平穏が戻ってくる。

【運動の行い方】
- ４～５人程度のグループで行う。
- 激しい感じの題材「火山の爆発」「大型台風来襲」「巨大トルネード来襲」「隕石落下」等々から選択。「はじめーなかーおわり」の３つの場面でひとまとまりの動き（ひと流れの動き×３程度）を考える。
- グループごとに表したいイメージと「はじめーなかーおわり」の流れをホワイトボードや画用紙に記入させ、本時の課題を意識させながら練習を行う。
- 単元の中で、ペアグループ同士で互いの動きを観察させ、感想やアドバイスを伝え合う。
- 単元の最後に、クラス全体での発表の場を設け、お互いに良さを伝え合わせる。

【ねらい・単元計画】　１回25分×８
〇表したいイメージを捉え、即興的な表現や簡単なひとまとまりの表現で踊ることができる。

１、２	３～５	６～８
基礎感覚・技能のベース作り まねっこダンス イメージカルタ	【ステップ１】 ひと流れの動きを即興的に踊ろう。	【ステップ２】 「はじめーなかー発表会おわり」のストーリーを考えて踊ろう。

【基礎感覚・技能のベース作り】

■まねっこダンス
○ペアやグループ、クラス全員でリーダーや先生の動きをまねして一緒に踊る。
○リーダーを次々と入れ替えて、全員がリーダー行う。

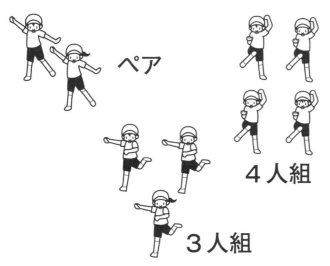

・いい笑顔で踊れているね。友だちとかけ声をかけながら踊れているね。
・手や足の他に体も動いていていいね。
・ジャンプや回転を入れて体の向きを変えていていいね。
・リーダーの動きをよく見てまねできているね。

■イメージカルタ
○2人1組になって、床に置いてあるイメージカルタをめくり、出たイメージを即興で踊る。
○強調したい動きがわかるように、4つのくずし(下表参照)を意識させながら踊る。
○2グループで、お互いの動きを観察、評価する。

イメージカルタの例
○洗われる洗濯物
○はじけるポップコーン
○次々と上がる打ち上げ花火
○ぎゅうぎゅうの満員電車
○勢力を増す大型台風　など

★ここが大切!!　運動の方法
・4つのくずしを意識させることで、表現に広がりが出てくる。

①身体のくずし 表情、目線、全身から指先まで、頭をねじる・回す、へその向き…等	②空間のくずし 前後、左右、ジグザグ、円、うず、高低、しゃがむ、跳ぶ…等
③リズムのくずし 素早く、ゆっくり、止まる、動きをずらす急に、だんだん…等	④人間関係のくずし 集まる、離れる、くっつく、手をつなぐ、順番に、反対に、真似し合う、重なる…等

【ステップ１】ひと流れの動きを即興的に踊ろう

【運動の行い方】
- １グループ、４〜５人で行う。
- 「マグマの地下の流れ」「マグマが火口に向かって上昇」「噴火」「山裾を伝わって流れる」
- 「海に入って水蒸気のすごさ」等々、急変する場面を入れ、変化と起伏のある動きで踊る。
- 始めは教師が一つのテーマを提示して(例火山)、全チーム同じものに取り組むが、慣れてきたらグループで好きなイメージを選択し、ひと流れの動きを即興的に踊る。
- 気に入ったひと流れの動きをグループごとに見せ合う。見せ合う前には、中心となる部分（強調して表したい部分）を伝えてから踊る。
- 激しい感じの題材例　生活や自然などから選択　「大型台風」「トルネード」「隕石落下」「バーゲンセール」等々、「激しく〇〇・急に〇〇」などの例を示してよい。

【ワンポイントアドバイス】

【ステップ２】の場面

- 荒れ狂う台風の発表をします。はじめは風が弱くふいて次第に強くなる様子を表します。
- なかでは、さらに風が強くなり、渦を巻いて色々なものに激しくぶつかる様子を、繰り返しや高低を入れながら表します。
- おわりは、台風が過ぎた後の穏やかな町並みを、動きをゆっくりにすることで表します。

- 見合う際には、これから表現するテーマと意図を伝えてから踊るようにすることで、見る側のグループが工夫した箇所を意識して見ることができる。

- 学習を振り返るために、グループごと成果と課題を出し合った後に、学習カードに記入する時間を設けるようにするとよい。

■学習カード

激しい感じを表そう！

年	組	番	名前

グループ名	メンバー

よくできた◎・できた○・もう少し△で振り返りをしましょう。

回	月／日	題材をひと流れの動きで踊ることができた	恥ずかしがらずに踊ることができた	練習や発表の方法を工夫して表現できた	振り返り（今日の表現について、次の時間にがんばりたいこと）
1	／				
2	／				
3	／				
4	／				
5	／				
6	／				
7	／				
8	／				

グループの題材「　　　　　　　　　　　　　　　　　　　　　　」

○はじめの動き

○なかの動き

○おわりの動き

評価：○激しい感じをひと流れの動きで表現できる。
　　　◎激しい感じをひと流れの動きを工夫して表現できる。

（倉内唯気）

表現　135

すぐ使える！ 体育教材30選 小学校高学年
執筆者一覧

◆編著者
体育授業実践の会

●執筆　　　　　　＊執筆時

松本格之祐	桐蔭横浜大学
木下光正	元天理大学
弘中幸伸	新座市立大和田小学校
保坂篤司	さいたま市立与野西北小学校
藤田昌一	さいたま市立春岡小学校
伊藤政久	川口市立安行東小学校
森　靖幸	富士見市立つるせ台小学校
松本大光	川俣町立川俣小学校
萩原雄磨	坂戸市立浅羽野小学校
佐藤哲也	荒川区立第五峡田小学校
原田和馬	聖ヨゼフ学園小学校
石坂晋之介	上尾市立今泉小学校
高橋明裕	さいたま市立原山小学校
結城光紀	伊奈町立小針北小学校
早川光洋	東京学芸大学附属世田谷小学校
倉内唯気	さいたま市立指扇北小学校
長野翔太郎	富士見市立ふじみ野小学校
山崎和人	北区立梅木小学校
岩﨑真之介	さいたま市立指扇北小学校
鍵森　英	大田区立梅田小学校
小口佑介	上尾市立東町小学校
北村尚人	小田原市立鴨宮中学校

◎本文イラスト
長谷川泰男・海瀬祥子

新学習指導要領対応
すぐ使える！ 体育教材30選 小学校高学年
～学習カード付き～

2019年12月25日　初版発行

編著者──体育授業実践の会
発行者──安部英行
発行所──学事出版株式会社
　　　　　〒101-0021　東京都千代田区外神田2-2-3
　　　　　電話 03-3255-5471
HPアドレス：http://www.gakuji.co.jp

- -

編集担当　丸山久夫
装　丁　林　孝一（電算印刷株式会社）
印刷製本　電算印刷株式会社

© Kakunosuke Matsumoto, 2019 Printed in Japan　　落丁・乱丁本はお取替えします。
ISBN978-4-7619-2506-2　C3037